ПАВЕЛ

ТАИНСТВО ЛЮБВИ

ORTHODOX LOGOS PUBLISHING

ТАИНСТВО ЛЮБВИ

Павел Евдокимов

На обложке книги:
Покров с изображением Петра и Февронии –
вклад в Богородице-Рождественский
собор царя Фёдора и царицы Ирины. Изготовлен
в царицыной мастерской в 1593 год.

www.orthodoxlogos.com

ISBN: 978-1-80484-157-0

ПАВЕЛ ЕВДОКИМОВ

ТАИНСТВО ЛЮБВИ

ORTHODOX LOGOS PUBLISHING

СОДЕРЖАНИЕ

ПРЕДВАРИТЕЛЬНОЕ ЗАМЕЧАНИЕ

Наш труд «Брак, таинство любви» (Издательство «Ливр Франсе») французская книга, появившаяся в свет в 1944 г. и неоднократно переизданная, встретил должное понимание и сочувствие. Положительные отголоски приходят к нам даже в настоящий день. Между тем для книги двадцать лет – это своего рода испытание и хотя эта тема остается нам по-прежнему близкой, мы чувствуем необходимость снова к ней возвратиться. Углубляясь в опыт современного мира и во все более значительные достижения духовных наук, мысль движется вперед и устремляется ввысь, вдохновляясь новыми проблемами нашего времени. Такого рода пересмотр побуждает нас основательно переплавить наш труд и объяснить небольшое изменение заглавия.

Наше заветное желание – вступить в беседу с тем же самым внимательным читателем, который стремится овладеть собой, понять себя, пережить глубокую тайну человеческой любви на ее подлинном уровне. Святой апостол Павел без колебаний связывает эту тайну с тайной Иисуса Христа.

Мы надеемся, что нам удалось сохранить в полноте дух восточного предания. Но даже в свете этого предания можно будет коснуться тайных глубин любви лишь отделенными намеками, и доступные разуму догматы только облекут сферу несказанного, где царит безмолвие.

Стоит ли говорить, что в нашей работе всецело отсутствует полемический дух. Разумеется, восточное предание отлично от предания западного. Мы даем себе в этом отчет и по возможности объективно отмечаем различные оттенки, мы надеемся со временем детально на них остановиться. Эта надежда и вера в единение, столь горячо нам желанное, вдохновили нас на создание этой книги. Всякий опыт, вторгающийся в глубину, в самое естество живого, очищенное огнем страдания, вспыхивает снопами света, приближает день Господень, победно вливаясь в поток всеобщей радости.

П. Е.

Предлагаемая нашему вниманию икона (относящаяся к великой новгородской школе конца XV века) отражает момент древнейшего Евангелия от Иакова (II век), повествующего о жизни Матери Божией.

Она позволяет нам созерцать «встречу пред золотыми вратами» (название иконы) святой Анны и святого Иоакима. Благодаря строгой простоте выразительных средств и удивительной четкости композиции оттеняется великая глубоко человечная и волнующая нежность этой четы и выявляется вся гармоничность совершенной симфонии.

Православная икона глубоко противоположна всякой простой иллюстрации, декорации, орнаменту. Она является органической частью литургии, ибо воплощающийся Бог становится слышим в слове и видим в иконе. Икона – это слово, выраженное в линиях и красках, и один из самых выразительных элементов восточного предания.

По словам святого *Иоанна Дамаскина*, икона – это таинство присутствия Божества, она Его «представляет».

Для «духовных очей» она соделывает видимым невидимое, она возносит взор к первообразу, к незримому величию Божьему, которое обнаруживает свое присутствие в излучении света.

«То, что Библия открывает нам в слове, икона возвещает нам в зримом образе и дает нам пережить его присутствие»

ПРЕДИСЛОВИЕ

Гнетущее и прагматическое законничество, с одной стороны, и исполненное подозрений презрение эроса, с другой, подсекает порывы души, стремящейся познать свое назначение. Ее глубокие воды дремлют в напряженном ожидании, и ее безмолвие чревато мертвой зыбью и бурями. В настоящее время мы знаем, что любовь – это не простая игра плоти и что за скрывающими ее искусно разработанными личинами и научными фальсификациями таится глубина, подлежащая выявлению и восприятию обретшим полную зрелость сознанием.

На вершинах мировой поэзии, в гармонии, где сочетаются мистические порывы религиозных душ, любовь обнаруживается в страстном искании высшего «я», подлинного и царственного субъекта всякой любви. Более того, взаимная любовь – это откровение предвечного света, из которого соткано единственное и неповторимое лицо любящих. Все великие мифы любви говорят нам, что любовь больше любви, что любовь превосходит любовь, что самая ужасная и непоправимая катастрофа – это неудача в любви к любви, в любви к совершению любви. Евангелие возвещает нам, что Царь пришел и что Царство Его должно прийти, но в этом ожидании плеромы Царство всего лишь символ; мы любим не Царство, но Царя; нас восхищает не наше царственное достоинство, но Божественный дар, делающий нас детьми Царя. В свете этих живых взаимоотношений нам открываются существующие: личность – Личности, дух Духу, целостность Целостности, цель в себе Цели в Себе, Бог и человек, соединенные узами, именуемыми в Библии брачными. Подобным же образом любовь, существующая между мужчиной и женщиной, превосходя свою окрашенную страстью феноменологию, причиняет страдания, как бы ударами резца высекая образ их существа, в котором дано просвечивать их истинному вечному лицу.

Следуя тесным евангельским путем, человек проходит над головокружительными безднами – что говорит о его избранничестве и величии, преодолевая демонические соблазны, профанации, благоразумные кастрации умов, он обретает пламенное посвящение и приобщается к священным тайнам по неизреченной воле Создателя.

Никто не может кощунственной рукой вырвать огненные страницы из «Песни песней», угасить пламя, возгоревшееся от пожирающего огня вечного. Страх перед мечтаниями и экстазом, если только он не порожден тупостью робких и немощных душ, вполне оправдан – ибо он является следствием духовного трезвения. Гораздо большую силу имеет епектаз[1], гораздо большую власть – устремление к преодолению этих мечтаний для достижения реальности, которая соткала нерушимые обители из света и любви. Она обнаруживается лишь в безмолвном созерцании.

Все науки литургической симфонии, этого «Санктус», который непрестанно возносится ввысь, возглашаемый человеческим существом в его предельной наготе, все оттенки цветов радуги, этой другой космической симфонии, символизирующей вечный завет между Отцом и

1 Динамическая полнота единения с Богом, всецелая устремленность души к Богу (Флп.3:14).

чадом его, – поют брачную эпиталаму. Это она ввергает в преисподнюю небытия идолопоклонство и презрение к эросу. В зените небес вечности сияет недвижное солнце любви. Там, где, согласно отцам Церкви, «эрос» расцветает в «агапе», раскрывается подлинная глубина человеческой любви, преображенной светом ее таинственной правды.

Времена благоприятные, «кайрой» привлекают свет первого утра творения; оно все целиком, отвергая «точки зрения», раздробляющие девственную целостность, смотрит взором голубя. На вершине взаимной любви – «финне аморис у дуо унум фиант»: «цель любви, да двое станут одним», в своем верховном облике любовь воссоединяется с верой, обнаруживающей вещи незримые; не касаясь завесы, скрывающей область апофатическую и недоступную, любовь в своей целомудренной жажде приближается к опаляющему присутствию Того Возлюбленного, Который нам ближе нас самих.

* * *

«Боже, в твоем творении, изводя жену из мужа, ты восхотел, совершая сие чудо, дабы они пребывали в супружеском единении и в тайне любви» (Древняя молитва о супругах)

ВВЕДЕНИЕ

Не читали ли вы, что Сотворивший мужчину и женщину сотворил их? И сказал... человек... прилепится к жене своей, и будут два одною плотью. В ответ на взволнованные слова учеников: ...если такова обязанность... то лучше не жениться, Господь кратко возражает: сначала не было так... и кто может вместить слово сие да вместит *(Мф.19:4–5, 19:8, 19:10,19:12).*

В этом кратком диалоге перед нами предстает с потрясающей яркостью головокружительная бездна между Божественным порядком бытия и человеческими установлениями. В какой именно момент «то, что было сначала» сменилось «тем, что теперь»? Это сокрыто во мраке времен и в «сумерках богов». Нам остается только охватить мысленным взором целый ряд кризисов, другими словами, приговоров суда истории.

Христианство подняло супружеский союз на высоту Таинства. Но эта подлинно революционная вознесенность брака сталкивается с тенденцией, глубоко укоренившейся в сознании всего человечества. Эта тенденция рассматривать брак лишь извне, с точки зрения общественной пользы. Под углом прав и обязанностей. Самая тайна любви, ее скрытая глубина, всегда единственная и личная, остается в тени, не влияя на человеческие нравы и обычаи. «Умственный перегной», образовавшийся на протяжении тысячелетий, противоборствует евангельской «метанойа», христианскому «перевороту разума».

Современная психология пользуется термином «Uber ich» или «супер эго» (сверх-я) для обозначения коллективного сознания. Последнее обладает огромной силой; выражается оно в различного рода атавизме, в голосе предков, и сей своей тяжестью давит на индивидуальное сознание. Архетипы и комплексы воздействуют на него своими темными чарами. «Супер эго» бдительно поддерживает равновесие воспринятых человеком идей. Оно искусно отстраняет всякую возникшую «метанойа» (переворот, обращение), способную пробудить в человеке тревогу и горестное сознание извращенности духовных ценностей.

Всякого, кто дерзает выступить против господствующего конформизма, кто спросит себя, принадлежит ли он к числу тех, которые могут принять слово Господа, немедленно же заподозрят в измене ортодоксальности. Таков гипноз «древней веры», а между тем древность как таковая отнюдь не является надежным критерием, древнее может склеротизироваться, отступив от того, что было «сначала», в мысли Божьей, всегда действенной, девственной и превосходящей время.

С другой стороны, властная «инерция повторения» побуждает непрестанно воспроизводить все те же ситуации, создает ложные мифы, такие, например, как созданный мужчиной миф, превозносящий мужественность зачинателя, производителя. Таким образом, на протяжении веков эта традиция подчиняет женщину мужчине, обрекает супружескую чету на служение роду, а любовь – на произрождение.

Тяжкое наследие античности накладывает отпечаток на формирующуюся аскезу. В кругах ессеев, среди монахов кумрана совершенные соблюдают безбрачие.

Оно становится характерным для первоначального иудеохристианства. Превознесение безбрачия у сирийцев, мало гибких по натуре, переходит в осуждение брака, – какое мы встречаем у Саторнила, Татиана, Маркиана, в Евангелии от египтян и позднее у Юлия Кассмана. Христианские мыслители восхваляют девственность как нечто положительное, как особую ценность, но не всегда удерживаются на должной высоте и порой соскальзывают к отрицательному аспекту, к унижению брака. В этих крайних течениях борьба с плотью отождествляется с борьбой против похоти и далее с борьбой против женщины и проповедуется бегство от всякаго рода женственности. Временами создается впечатление, что речь идет о спасении одних мужчин, и что желающий спастись должен, прежде всего, спасаться от женщин. Здесь имеет место реминисценция гностицизма, для которого «искупление» означало «освобождение от пола» и женщина воспринималась в чисто сексуальном и даже в демоническом аспекте. Известного типа аскеты даже отказываются видеть свою родную мать, поскольку она женщина, их внимание привлекает и беспокоит проклятый пол, даже когда они имеют дело с представителями мира животных. Кафары доходят до крайности в этой энкретитской[2] аскезе и объявляют брак сатанинской мерзостью. Любопытно, что именно у отшельников «женский вопрос» становится наиболее актуальным, обретает «жгучий» характер, и достоинство женщины навсегда опорочивается. Некоторые отцы полагают, что бесполезно продолжать род людской и принимают брак

[2] Гностическая секта анкратитов, то есть «воздержных», отвергла брак как прелюбодеяние. Во время принесения евхаристической жертвы они заменяли вино водой, и назывались «акваристами» (на Востоке около 170 года). *[Прим, авт.]*

лишь как средство против невоздержания, поэтому чересчур пылкая супружеская любовь рассматривается чуть ли не как прелюбодеяние. На каких же весах взвешивается пыл? Возможно ли предвидеть, какое действие окажут такого рода расчеты на зарождающуюся любовь, чаще всего целомудренную, свободную от всякаго эротизма? Только человек абстрактного типа способен «изобрести» подобные ограничения и отравить своими подозрениями распускающийся цветок. Женщины, отвечающие пожеланиям аскетов дурного толка, известны в настоящее время под названием «холодных женщин», и докторам известно, какие драмы разыгрываются на этой почве в области супружеских отношениях. Такое поведение женщин вызывает у мужчин бессилие или же побуждает их искать удовлетворения в различных внебрачных связях. С другой стороны, существуют люди, страдающие от своего одиночества, которые жаждут общения с женщиной, и в погоне за иллюзией любви идут к проституткам; в этих крайних случаях нет места эротизму, сексуальности в подлинном смысле этого слова...

Обретая характер упрощенности, превознесение девственности приближается к парадоксу. Прислушиваясь к таким высказываниям, можно подумать, что христианство проповедует безбрачие и лишь в виде исключения терпит брак. В таинственной и иррациональной сфере своего существа человек воспринимает себя развоплощенным и лишенным тайны, всецело детерминированным самой элементарной физиологией и самой прагматической социологией. Создается впечатление, что Евангелие не внесло в эту область значительной перемены.

Легко понять, какое глубокое потрясение могут вызвать в чуткой и вдумчивой женской душе некоторые утверждения отцов Церкви, утверждения чисто произвольные, хотя и принадлежащие лицам, обладающим неоспоримым духовным авторитетом в других областях.

Таким образом, между вершиной человечества, Девой Марией, «честнейшей Херувим», Чей культ можно уподобить взлету одинокого готического шпиля, и женским существом, несовершенным и демоническим, как будто не существует ничего третьего. В ходе истории возникло поразительное отчуждение, которое стало восприниматься как нормальное положение вещей.

В некоторых случаях христианская мысль бывает окрашена и проникнута изнутри духом иудейского законничества и финализма; иным представителям такого направления грозит опасность «сесть на Моисеовом седалище» и удариться в своего рода измененный равинизм. С другой стороны, уклон в монофизитство, облегчающий разрешение проблемы, в иных случаях берет верх и искажает богословское сознание. Учителя Церкви эпохи святых отцов сосредоточивают свое внимание на догматических вопросах; будучи сами монахами и в большинстве случаев девственниками, они не имели ни соответствующего опыта, ни склонности, ни времени, чтобы выработать философию любви. Весьма богатая трудами по аскетике, эта эпоха проходит мимо тайны пола, имеющего сверхфизиологическое значение. Аскеты в своем величавом героизме вели борьбу в недрах человеческого существа и одержали решающую победу над демоническими силами, но ценою едва ли не утраты человеческого образа отношений между мужчиной и женщиной. Можно подумать, что высказывания иных богословов о супружеской любви имеют в своей основе учебник по зоологии, и человеческая чета рассматривается ими с точки зрения произрождения и воспитания потомства. У них разработана также целая система терминов, выражающих взаимоотношения, таких, как «облеченность властью», «подчиненность».

«Облеченность высшей властью» для того, чтобы определить, является ли мужчина начальствующим или главой. Вопрос о любви как таковой и о ее смысле остается открытым и по сей день. Доказывая, что дело обстоит неблагополучно: схоластика относится благосклонно к произрождению, но выхолащивает любовь.

НЕМНОГО ИСТОРИИ

После спасительного противодействия, оказанного ересям, распутству и тенденциям к моральному послаблению, богословы стали переоценивать сексуальность, причем в иных случаях дело доходило до своего рода одержания; наряду с этим стал недооцениваться брак. В пылу полемики даже справедливая мысль может отклониться от истины: концепции теоретиков, наиболее враждебно относящихся к плоти, за отсутствием соответствующего опыта остаются лишь отвлеченными положениями; другие теоретики пришли к крайней аскезе после крайне распущенной жизни.

Даже в наши дни многие трактаты на тему о браке на Западе принадлежат перу монахов или холостяков; поэтому они не охватывают своего предмета и написаны не на тему. Разве можно (если только не будет особого откровения) написать что-нибудь определенное по совершено чуждому вам вопросу так, чтобы в сочинении не отразились ни ваша программа, ни ваше недоброжелательство, ни ваши иллюзии, ни ваши теории? Женатым людям не пристало рассуждать о монастырской жизни, не подобает и холостякам разрабатывать феноменологию эроса. Можно только пожалеть, что не апостол Петр написал на тему, развиваемую в седьмой главе Первого Послания к Коринфянам.

Несомненно, девственницы были бы удивлены, узнав, что для невесты, обрученной жениху, сексуальность попросту не существует, и что впоследствии в супружеской жизни она очень быстро преображается и переходит в иной план, даже недоступный воображению девственниц. В гармонических союзах, при отсутствии ложных теорий, искажающих реальность, сексуальность постепенно одухотворяется и в результате бывает достигнуто супружеское целомудрие. Плоть никак нельзя отстранить от духа или привести к молчанию; это биосфера, в которой воплощается дух, готовая воспринять его преображающую жилу, или отверстая могила, в которой он сам себя погребает, будучи живым. Св. Августин сказал: «Тот, кто не одухотворен даже в плоти своей, становится плотяным даже в своем духе». Это изречение можно так перефразировать: тот, кто не одухотворил своего пола, становится духовно сексуальным. Остановка на полпути это уже срыв, который не проходит даром и приводит к чудовищным извращениям мистического эротизма или духа, ставшего плотью.

Больше, чем в какой-либо другой области, в супружеской жизни необходимы прозорливость и подлинная, особого рода, аскетическая культура. Эту культуру осуществляет зрелая человеческая личность, которая имеет цель в себе, всегда бывает субъектом и никогда объектом, поскольку в ней пересекаются два мира. Ей нет никакого дела до плотских формулировок ходячего катехизиса. Она борется против рабства во всех его видах, поэтому свойственная этика совершенно неподвластна закону «всеобщего», тираники конформизма и объективации, чужда всякого подчинения «общему благу», всякой естественной и общественной необходимости. Присущая ей свобода отнюдь не право, но царственная хартия долга, ибо это ответ на Божественный призыв. Жреческое достоинство человека обязывает его. Согласно изречению отцов: «Бог говорит лишь с богами». Такова воля Божья. Все остальное – человеческая история.

* * *

Во времена Ветхого Завета многоженство содействовало унижению женщины. Закон левирата обеспечивал продолжение рода. По закону Ману в Индии (IX, 81) брачные узы разрывались в случае бесплодности. В Греции девушку отдавали во власть ее будущему повелителю; в Риме, выходя из–под безграничной власти отца, женщина подпадала под власть другого; этим объясняется древнее наименование брака, означавшего безоговорочное подчинение: «матримониум ин ману». Согласно закону Поппея, уже накладывался довольно значительный налог на холостяков и на бездетных супругов.

Слово «матримониум» происходит от «матрис манус»; греческое слово «гамос» происходит от корня «ген» – рождение. Мы встречаем у Платона образ факела жизни, который поколения передают друг другу, тем самым обеспечивая будущее родины и города; тот же образ мы обнаруживаем у Юстиниана и у Льва Философа, для которого брак обеспечивает продолжение рода человеческого, его бессмертие.

Слова Демосфена, некогда прозвучавшие на суде: «У нас есть супруги, чтобы увековечить наше имя, наложницы, чтобы за нами ухаживать, куртизанки, чтобы нас развлекать», на протяжении веков не утратили своей грубой откровенности. Христианская буржуазия XIX века вполне могла бы их повторить. Согласно античным представлениям, двое людей соединились для правильного ведения хозяйства и воспитания детей, дабы обеспечить городу надлежащее число граждан. Некоторые Отцы перетолковали эту концепцию на свой лад и оправдывали брак лишь в том смысле, что он «порождает девственников», населяет монастыри и увеличивает число святых. «Если бы не существовало женатых людей, разве были бы девственники?» – наивно задает вопрос святой *Мефодий Олимпийский*. «Мы заключаем брак лишь для того, чтобы иметь детей, или же мы пребываем в непрестанном воздержании», – пишет святой Иустин. Даже *Василий Великий*, этот дивный созерцатель тайны Святой Троицы, выступая в качестве творца монастырского устава, говорит следующее: «Брак заслуживает уважения, если он заключен не ради наслаждения, но с целью иметь детей». Ожидание Мессии, характерное для Ветхого Завета, переходит в коллективный мессианизм святых и оправдывает брак, имеющий целью произрождение. Онтологическое священство верных сводится к некоему чисто функциональному священству, преследующему цель пополнения рядов христиан.

Первые христианские писатели не могли быть свободными от господствующего образа мыслей. Они боролись против морального разложения, но, подчиняясь античному мировоззрению, они воспринимали женщину в социальной аспекте как низшее существо, как «анцилла» (служанку) своего мужа, которая, прежде всего, должна была «сервите виро сикут домино» (служить мужу как господину). При таком образе мысли, особенно на Западе, произрождение обретало первенствующее значение, и муж был прежде всего производителем и «патер фамилиас». Для святого Амвросия «Феминис хек пролис сола ест кауза нубенди» (произрождение – единственная цель брака). Подобным же образом для *Блаженного Августина* из трех благ, присущих браку: «пролес, фидес, сакраментум» (произрождение, верность, освященность), первой и главной его целью является приозрождение – и он полагает, что именно в этой области женщина оказывает «помощь» мужчине. Святой Фома Аквинат говорит: «Пролес ест ессентиалиссимум ин матримонио» (произрождение самое существенное в браке). Кодекс канонического права в Римско–католической Церкви (канон 1013) четко выражает ставший классическим тезис: «Матримонии финне примариус ест прокреатио аткве едукатио пролис» (Главная цель брака – это произрождение и воспитание детей). Все остальное подчинено этой основной цели.

Благодаря словам «плодитесь и размножайтесь», обращенным в равной мере к миру животному и к человеческому существу «мужского и женского пола», был упущен из вида основной акт: в словах, устанавливающих брак, обращенных к мужчине так же, как к мужчине и женщине, воспринимаемым выше животного плана, даже нет намека на произрождение.

ДВЕ ГЛАВЕНСТВУЮЩИЕ ИДЕИ

Не подлежит сомнению, что общепринятое христианское учение о браке обосновано на своей финалистской философии. Подспудное влияние индусского буддизма, персидского дуализма, манихейства, гностицизма сочетались с античной философией, не признававшей женщины как личность. Для Аристотеля только мужское начало – мерило всех вещей, мужчина как таковой. Женщина – это неудавшийся мужчина, существо выродившееся.

Католический мыслитель, Р. Фласельер, пишет весьма разумно и ясно: «Классическое изложение цели брака... мы встречаем в развернутом виде преимущественно у святого Фомы Аквината. Мы осмеливаемся сказать, что, по нашему мнению, в этом богословии не вполне удачно выражена сущность христианского брака. Не надо забывать, что св. Фома находился в зависимости, с одной стороны, от Аристотеля (а именно, следовал его воззрениями на биологию), а с другой стороны – от святых отцов, которым не удалось в полной мере обособиться от социальной организации своего времени». И далее он говорит: «если он (св. Фома) отводит (любви) довольно скромное место и ставит ее в подчиненное положение, то причину этого можно усмотреть в древнейшем мировоззрении, бывшим еще в силе в XIII веке».

Это наследие, по словам одного из самых выдающихся католических богословов, ректора Тюбингенского университета, Ф. К. Арнольда «привело не одного отца–неоплатоника, не одного аскета первохристианской Церкви к достойным сожаления заблуждениям... впрочем, заблуждение Аристотеля в области биологии (отрицание биологического равенства) оказалось весьма живучим, и его разделяли христианские богословы, которые считали своим долгом преклоняться перед Стагиритом, признавая его Философом с большой буквы. И даже сам король высокой схоластики, святой Фома Аквинат испытал на себе вредное влияние аристотелевской мысли в интересующей нас области».

В самом деле, мы встречаем здесь в зародыше первую главенствующую идею многих богословских трактатов. «Женщина была необходима как соучастница только в деле произрождения, но отнюдь не в других видах деятельности, как то полагают иные, ибо известно, что во всех других деяниях мужчине лучше помогает другой мужчина, чем женщина». Для такого рода биологии, которую современная наука признает примитивной и ложной, мужчина является производителем, а женщина лишь его пособницей, доставляющей ему необходимое вещество. Отсюда – только шаг к такому утверждению: «По своей природе женщина ниже мужчины», и к отрицанию за женщиной (если только она не монахиня) возможности непосредственно общаться с Богом. Лишь один мужчина способен возвыситься до Бога и вступать с Ним в непосредственное общение.

По-прежнему глубоко укрепляется мысль о том, что женщина всецело служит природе, непрестанно выполняя функции матки. Такого рода концепция позволяет сказать, что искупление женщины должно быть двояким: одно всеобщее, относится равно ко всем человеческим существам, второе, частного порядка, искупает женщину от первородного греха ее женственности.

Многие аскеты охотно бы усвоили пессимистическую концепцию Шопенгауэра, который помещает женщину между мужчиной и животным. Ловушка, подставленная природой, обладая демонической ловкостью, она приводит мужчину к браку и к совокуплению. Или столь известное изречение Ницше: «В женщине все имеет свое естественное разрешение – беременность». Точно так же и Кант в своей «Доктрине права» дает свое знаменитое определение брака: «Каждый из двух, вступающих в соглашение, дает другому права над своим телом в течение своей жизни, а именно совместное узаконенное пользование воспроизводительными органами». Вся тайна любви сведена к контракту с клеточкой, имеющей воспроизводительную функцию. Клеточка введена в юридический и социологический контакт, какое-то время она размножается путем деления, потом в свой срок приходит в упадок, исчезает и сменяется другой.

Вторая главенствующая идея восходит к *Блаженному Августину*, даже до нашего времени он оказывает преобладающее влияние на богословскую мысль. Для учителя, развивавшего богословие первородного греха, вожделение, наиболее ярко выражающее последний, всегда соединяется с супружеским актом; мужчина от этого краснеет, но он находит извинение в конечной цели произрождения. Акт – это средство, всецело определенное целью, какая имеется в виду. Говоря языком аскетики, брак – это паляиатив в отношении вожделения, которое допускается и легализируется ввиду проистекающего из него блага произрождения. «Конкуписцентиа ест малум кво квис бене утитур», брак – это всего лишь уступка природе и СОСТОЯНИЕ, КОТОРОМУ ПРИСУЩ ПРОСТИТЕЛЬНЫЙ ГРЕХ. В трактате «Де боно конъюгали» установлена иерархия связанных с браком благ: «бонум пролис, бонум фидеи, бонум сакраменти».

Хотя брак является церковным институтом, все же совершенные призваны ограничивать супружеские отношения и ориентироваться на полное воздержание.

Как видим, самый источник уже замутнен. Прежде чем приступить к богословию, рассматривающему первичные данные Библии, начинают с падения и все сводят к физиологии, и уже с самого начала брак оказывается расшатанным, отмеченным язвой виновности. Это отрицательное отношение к браку и наличие запрета имеют роковым последствием одержание сексуальностью. Любовь, супружеское единение, ради которого человек был создан мужчиной – женщиной, – и все это оказывается лишь чем-то дополнительным, аксессуарами, которые дают основания скорее извинять дурную, но полезную причину.

Святой Иероним энергично выдвинул слова св. апостола Павла: «Впрочем, это сказано мною как позволение»: «хок аутем дико секундум индульгентиом», брак, прежде всего, нуждается в снисходительности и прощении. Но еще задолго до него Дионисий Коринфский советовал: «не накладывать тяжелое бремя воздержания... но принимать во внимание немощь человеческую». Мы уже видели, что эта «немощь», становясь «чересчур пылкой», даже под знаком Таинства, переходит в прелюбодеяние. Итак, вожделение – это самый центр супружеских отношений, потому что посредством него передается первородный грех. Сексуальный инстинкт отождествлен с дурным желанием. Именно таким отрицательным отношением к браку, совершенно чуждым евангельскому духу, объясняется в XIII веке на Западе постоянные запрещения супружеских отношений, распространявшиеся чуть ли не на все дни недели. Супружеские сношения, в некотором роде оскверняющие человека, препятствовали всецелому участию супругов в литургической жизни. Но главным образом замужние женщины лишь редко допускались к Причастию; даже такая женщина, как святая Елизавета Тюрингенская, принимала причастие только в три великих праздника. Хейзинга в своем сочинении «Осень Средневековья» пишет: «Связанный с магическими воззрениями страх, заставляющий первобытные народы отворачиваться от всех явлений женской жизни, на протяжении веков, передаваясь из поколения в поколение, породил ненависть и презрение аскетов к женщине, которые, начиная с *Тертуллиана* и святого Иеронима, отравляли христианскую литературу».

Схоластики доходят до того, что разлагают супружеский акт, усматривая в нем два элемента – похвальное намерение и телесное наслаждение, потенциально преступное; грех прирожден человеку, вожделение оскверняет зародыш жизни.

Мы видим, что они впадают в заблуждение и схематизируют, пускаясь в ученые анализы, разлагают жизнь и пресекают в корне стремление к святости. Ходячее моральное богословие в своих поучениях обременяет сознание комплексом виновности и даже до наших дней обуславливает несчетные конфликты, возникающие в супружеской жизни и имеющие прямое отношение к психиатрии и патологии.

Антропологический пессимизм, родоначальником которого является *Блаженный Августин*, побудил Лютера сказать, что брак, несомненно, лучше, чем «папистская девственность», но все же он запятнан тем злом, какое вожделение причиняет всем земным вещам. Рассматривая конечную цель брака, обнаруживаем, что он служит благу заемного града и о нем должно иметь попечение государство, он является «естественным» институтом. Если Кальвин говорил в более возвышенных терминах о святости супружеской жизни, все же для него брак является только «почетным состоянием», но отнюдь не Таинством, и остается социальным и земным институтом. С протестантской точки зрения, религиозная церемония ничего не прибавляет к браку, однако она необходима, так как приобщает новобрачную чету к собранию верующих. Постепенно протестанты отходят от господствовавшей одно время идеи о необходимости «благословения брака».

Реформатские Церкви не рекомендуют воздержания. Хотя о призвании к безбрачию и говорится в Писании, это призвание носит чисто личный характер, и не может существовать ни принудительных правил, ни духовных методов монастырского типа. Нельзя обнаружить подозрений относительно сексуальной жизни, но мы встречаем величайшее недоверие ко всякой теории «сублимации», вызванное опасением неких скрытых полутонов, существующих между мистикой и сексуальностью. Всякое мистическое восхождение – эрос – рассматривается как нарушение границ между Создателем и созданием. Существует лишь «Агапе», путь нисхождения от Бога к человеку; это совершенно исключает эрос и его сублимацию и ограничивает чистоту, всецело вводя ее в рамки морали.

Антихристианская тенденция отрицать ценность девственности в силу реакции делает еще более разительной в лоне христианства дистанцию между героическим безбрачием избранных и заурядным путем слабых и немощных душ. В подавляющем большинстве духовные лица обнаруживают в катехизисах и богословских трактатах поразительное убожество мысли. Верующий, член царственного священства, призванный к целостному освящению своей жизни в образе супружеского священства, оказывается в положении несовершеннолетнего подростка, виновного во всех отношениях, которому заранее и с самого начала внушают чувство неполноценности и виновности. При этом проходят мимо важнейшего факта психологического порядка: в момент зарождения любви всякие плотские помыслы полностью отсутствуют, исключены. Святой *Иоанн Златоуст* прекрасно это понимал, говоря, что единственное надежное средство против распутства и вожделения – это «магнус амор». Однако средний аскет, непрестанно палимый подспудным искушением, не может одобрительно взирать на узаконенный, свободный доступ к наслаждениям, которые представляются ему единственным благом супружеской жизни. Уже начинают говорить на разных языках, создается впечатление, что перед тобою два различных мира, утративших всякое взаимное понимание.

МИФЫ

В мире по существу мужском, где все находится под знаком патриархата, мужчина, вооруженный своим рассудком, рационализирует бытие и существование, утрачивает свои космические связи с небом и с природой, а также и с женщиной, уже не воспринимая ее как тайну, восполняющую его собственное существо. Исключая всякую иррациональность, его стесняющую, соскальзывая в плоскость абстракций, мужчина обнаруживает, что перед ним закрывается глубина со своими измерениями. Он прокладывает огромные проспекты цивилизации, яркие, обширные и размеренные, где заранее отведено место женщине как низшему существу. Подчиняясь инстинкту самосохранения, мужчина сковывает женщину, как некую вредоносную силу, как непрестанную угрозу своей свободе. Для вида мужчина будет воздавать женщине всевозможные почести, однако он поставит ее в такие условия, в которых она никогда не сможет причинять ему вреда. Она подчинена верховной власти главы семьи, неоспоримому авторитету мужчины, ее хозяина и владыки. Мужчина обладает ею на таком же основании, как и своими землями, тем более, что женщина символизирует землю, теллургическую стихию, если не лунную, иллюзорную. Солнечное начало, свет – это мужчина. Физиологию женщины, самую ее женственность, присущие ей дарования и харизмы – все это мужчина считает достойным проклятия.

В законах Ману и Солона, в книге Левит, в римском Кодексе и в Коране – всюду женщина рассматривается как низшее, бесправное существо. Пифагорейское изречение гласит: «Благое начало создает порядок, свет и мужчину; дурное начало создает хаос, мрак и женщину».

Для Аристотеля материя олицетворяет женское начало, а движение – начало мужское. Это значит, что женщине свойственно иное измерение, она не вполне входит в состав человеческого общества. «Женщина – самка, ибо ей недостает известных качеств». Она «иная», а между тем, согласно Платону, инакость – это отрицание, зло, и вот почему он благодарит богов за то, что родился мужчиной. Чтобы отомстить мужчинам, боги изобретают женщину; именно Пандора выпускает на свет все беды, и тогда вместе с женщиной в жизни появляется пассивность, множественность, материя и беспорядок.

В Греции женщина была замкнута в стенах гинекея, и идеалом жены была Пенелопа. Аристотель в своей «Политике» заявляет: «Молчание женщины – ее слава». Римлянка передается как вещь («рес») мужу в полное его распоряжение. Еврейский антифеминизм, попросту говоря, чисто мужской шовинизм, обосновывается на наивном представлении о том, что женщина создана из ребра мужчины, и что на этом ребре терпит крушение несчетное множество мужчин. Ритуал предписывал, чтобы в случае рождения девочки, очищение матери длилось вдвое дольше. В числе восемнадцати благословений мы слышим такое: «Благословен будь, Адонаи, что Ты не сотворил меня женщиной». Даже святой апостол Павел, как видно, подпадает под власть укоренившейся традиции, когда говорит о всецелом подчинении женщины. Экклезиаст заявляет: «Правда, я обрел одного мужчину из тысячи, но из всех женщин я не обрел ни одной». В Евангелии (*Ин. 4:27*) мы видим, что удивление учеников вызывает тот простой факт, что Иисус Христос беседует с женщиной.

Блаженный Августин высказывает ходячее мнение, сообщая, что замужняя женщина юридически неправоспособна. В своей «Исповеди», говоря о святой Монике, он замечает, что женщина должна, прежде всего, «сервире виро сикут домино» (рабыня мужа, госпожа дома) и быть «анцилла» (служанка) своего мужа. По мнению святого Фомы Аквината, женщины должны соблюдать молчание, ибо по «слабости своего разума» они не способны поучать, возглавлять собрание и исполнять обязанности адвоката! Чаще всего в школе библейское повествование о сотворении человека истолковывается все в том же смысле: женщина была сотворена ДЛЯ мужчины как его служанка, помощница, объект. Из этого положения Ницше делает логический вывод: «Женщина – отдых воителя». В свою очередь, Кьеркегор оправдывает в метафизическом плане свое бегство от женщины: «Беда женщины в том, что она в какой-то момент выражает все, а в следующий момент уже ничего не выражает, и при этом по существу никогда не знает, в чем состоит ее значение как женщины».

Существо идеализированное, опоэтизированное, женщина возносится на небо подобно сверкающему светилу, озаряя своим сиянием празднество, но вслед за тем она меркнет и падает в небытие. В своей «Физиологии брака» Бальзак подводит итог тысячелетней мудрости: «Женщина – это рабыня, которую надо уметь посадить на трон». «Женщина – существо относительное, – высказывается Мишле, – мечта мужчины, она лишь поэтический образ некоего отсутствия». Вот почему, по словам Жюльена Бенда, «мужчина может мыслить себя без женщины, но она никогда не мыслит себя без мужчины». Вот единственная разница между ними.

Конфликт остается неустранимым. Мужчина стремится утвердить себя, превосходя все, что его ограничивает. Между тем, женщина – это ограничение. Мужчине может быть желанен живительный сон у материнского источника, его может властно влечь к себе полюс, противоположный его существу, но если это увлечение затянется, он всегда будет воспринимать его как некую деградацию его мужественности, как заключение в темнице, где ограничен его горизонт и поставлены пределы полету его ума. Такова история.

Подобно тому как улитка строит свою раковину, «супер эго» коллективного сознания созидает ложные мифы. Даже в наши дни к женщинам еще относят ритуальные предписания, установленные в ветхозаветные времена. Перед лицом Иисуса Христа, в Котором «нет ни мужского пола, ни женского» (*Гал.3:28*), находятся человеческие существа, заклейменные древним проклятием. Даже в Апокалипсисе можно обнаружить отголоски иудеохристианского образа мыслей, там подчеркивается, что женщина оскверняет мужчину (*Апок.14:4*). Слабость мужчины мстит за себя, совсем как в столь характерном библейском рассказе о Сусанне и о старцах. Если произвести анализ ложных мифов, возникших на протяжении истории, то легко можно обнаружить всю тщетность перенесения вины на женщину. Вот «комплекс Адама», полностью мужской комплекс: «Это жена дала мне плод древа» (*Быт.3:12*).

Любовь подверглась профанации, прежде чем обнаружилась ее сущность. Нигде не встретишь столько лжи и лицемерия, как в этой области, потому что именно любовь – глубочайшая жажда правды, подлинный голос бытия. Людская масса, толпа все глубже погрязает в бездне эротики, исследовав которую вдоль и поперек, человек испытывает «омерзение». Святой *Иоанн Злато-*

уст восклицает, со всем своим пылом: «Этот дар Божий был покрыт бесчестием до самых недр своих. Очистим же его... Я хочу очистить брак и выявить свойственное ему благородство, чтобы заградить уста еретикам»...

ХАРИЗМЫ ЖЕНЩИНЫ

У женщины свой образ бытия, свой образ существования, она обладает даром созидать все свое существо, осуществляя свое особое отношение к Богу, к людям и к себе самой. На протяжении истории мы видим, как социальная среда образует и вновь разрушает типы женщин. Но как бы то ни было, женщина хранит в своей сокровенной глубине тайну своего существа и харизмы, которые святой апостол Павел обозначает символом «покрывала» (*1Кор.11:6*). Эту тайну ей надлежит «раскрыть», разгадать, чтобы наконец постигнуть свое назначение «в духе супружества», в тесной связи с назначением мужчины. Именно библейское повествование о создании Евы (которое скорее является рождением, поскольку Ева отделяется, исходит из недр Адама) можно воспринимать как исконный архетип единосущности взаимодополняющих начал. Мужское и женское начало образуют архетипическую человеческую монаду – Адам–Ева. Грехопадение вызывает распад этой монады, причем возникает множество ущербных мужских и женских существ: пары, образуемые индивидами, поляризованными, имеющими объективное существование, разделенными, внеположными по отношению друг к другу, но все же находящимися бок о бок. С тех пор возникло расстояние между двумя полюсами человеческого существования: или это противники, которые терзаются диссонансами и ведут безысходную борьбу, или же это различные существа, которые принимают друг друга и взаимно восполняя, любят один другого, – совпадение противоположностей. Вторая возможность предполагает наличие благодати, восстанавливающей исконную монаду во Христе и пребывающей в самом сердце брака, который становится «таинством любви», по замечательному выражению святого *Иоанна Златоуста*. Супружеское единение становится пророческим образом Царства Божьего: всемирное единство. Единение мужского и женского начал в их полноте в Боге.

МАТЬ

«И мужчина нарек своей жене имя Ева («жизнь»), ибо она стала матерью всех живущих».

Библейский термин «Ессер-Кенегдо» (*Быт.2:18*) означает: «помощница, которая должна быть перед ним» (мужчиной). Будучи более углубленной, женщина прекрасно чувствует себя в пределах своего существа и раскрывает его в светлой и ясной симфонии. Она наполняет мир своим существом, своим лучезарным присутствием. Мужчина, напротив, выходит из пределов своего существа, он более внеположен самому себе, обладая харизмой самораскрытия, он смотрит за пределы своего существа. Он заполняет мир своей творческой энергией, утверждая себя в нем как хозяина и владыку. Он принимает рядом с собой женщину, свою помощницу. Она является одновременно его невестой, супругой и матерью. Будучи «славой мужчины», по выражению святого апостола Павла (*1Кор.5:27*), она в своей лучезарной чистоте, подобна зеркалу, отражающему лицо мужчины, открывает его самому себе и тем самым направляет его. Таким образом, она помогает мужчине познать самого себя и воплотить смысл своего собственного бытия, она завершает его, разгадывая его назначение, ибо именно благодаря женщине легче обрести себя самого.

Перед нами диалектика духовного материнства. Слова святого апостола Петра (*1Петр.3:4*) относятся ко всякой женщине и содержат в себе целое Евангелие женственности; в них дается весьма точное определение основной харизмы женщины: РОЖДЕНИЕ ЧЕЛОВЕКА, СОКРЫТОГО В СЕРДЦЕ – «хомо кордис абскондитус». Мужчина склонен интересоваться только своим собственным делом; напротив, женщина своим материнским инстинктом, как Матерь Божья на свадьбе в Кане Галилейской (*Ин.2:1*–10), тотчас же обнаруживает духовную жажду, какую испытывают даже мужчины, и обретает евхаристический источник для ее утоления. Благодаря столь таинственной связи, существующей между матерью и ребенком, Ева – источник жизни – стоит на страже всех существ, охраняет жизнь и мир.

Вопрос, будет ли женщина супругой, матерью или же «Спонца Кристи» (невестой Христовой), представляется нам второстепенным. Присущая ей харизма «материнства», интериоризированная и всемирная, влечет каждую женщину к голодному и нуждающемуся и превосходно характеризует сущность женщины: девственница или супруга, каждая женщина – мать изначально. Основные свойства ее души побуждают ее «оберегать» все, что встречается на ее пути, помогают открыть даже в самом мужественном ей сильном человеке слабое и беззащитное дитя.

Если мужчина всегда склонен поэтизировать женщину и остается неисправимым романтиком, то женщина всегда любит мужчину таким, каков он есть на самом деле. Женская любовь – глубочайшая загадка, и мужчина никогда не перестанет ей удивляться. Гельвеций дает хорошее определение мужской любви: «Любить– это иметь нужду». Можно было бы следующим образом определить женскую любовь: «Любить – это восполнить нужду», идти ей навстречу и даже опередить ее. Исключая такие уклоны, как «нарциссизм», «вираго» и комплекс

Дианы, дух материнства пронизывает все виды женской эмоциональности. Самоотречение, которого постоянно требует жизнь, приводит к великому очищению всякого чисто биологического импульса к обладанию.

В иных случаях это самоотречение бывает бессознательным, но порой оно достигает высоты «Матер долороза» (Мать скорбящая), о которой идет речь в рассказе о Соломоновом суде, и даже Самой Девы Марии, душу Которой пронзает оружие.

Иисус, увидев Матерь и ученика тут стоящего, которого любил, говорит Матери Своей: Жено! се сын твой (*Ин.19:26*). Это основное определение женщины; чувствуется, что оно дается в смысле, превышающем всякое осуществленное материнство.

Архетип «Магна матер» (Великая мать) охватывает все виды женственности; он сокрыт в недрах женской души; вечная девственность, вечная женственность происходят от «вечного материнства», которое только одно истинно, ибо имеет всемирное значение и чревато плеромой.

ЖЕНЩИНА – ДУХОВНЫЙ ОРГАН ЧЕЛОВЕЧЕСКОЙ ПРИРОДЫ

Богословие отцов Церкви сосредоточено на человеко- любви Бога Отца. Мы исповедуем также: «Верую в Бога (Который прежде всего) всемогущий Отец»; Дух Святой вдохновляет нас произносить Имя Божие: «Авва, Отче», и богосыновство занимает центральное место в богословии святого апостола Павла. Присущее Богу «отцовство» коренным образом определяет Его взаимоотношения с человеком, Его дитятей.

Человек создан по образу Божьему, но человек (мужчина) не обладает отцовским инстинктом в той же мере, в какой женщина обладает материнским инстинктом. В ПРИРОДЕ человека (мужчины) не содержится ничего, что можно было бы непосредственно уподобить религиозной категории отцовства. А между тем в древнем литургическом тексте богословского содержания («феотокион») материнство Пресвятой превозносится в свете Божественного Отцовства: «Ты родила Сына без Отца, Того Сына, Которого Отец прежде веков родил без матери». Аналогия проведена четко: *материнство Пресвятой Девы воспринимается как человеческий образ Божественного Отцовства.* Если отцовство – категория Божественной жизни, то материнство религиозная категория человеческой жизни.

Завоеватель, искатель приключений, созидатель, мужчина не несет в своей сущности отцовства. Это обстоятельство имеет огромное значение: оно объясняет, почему религиозный принцип зависимости, восприимчивости, общения более непосредственно осуществляется женщиной; специфическая чувствительность к чистой духовности более свойственна «анима» (женская часть души. Женственность в психоанализе), чем «анимус» (мужская часть души. Мужественность в психоанализе); женская душа ближе к источнику бытия, к началу жизни. Библия *воспринимает женщину как орган духовного восприятия, присущий человеческой природе.* В самом деле, обетование спасения было дано женщине, она была удостоена Благовещения, ей первой явился Воскресший, жена, облеченная в солнце, олицетворяет *Церковь* и Небесный Град в Апокалипсисе. Бог избирает также образ супруги и невесты, дабы выразить свою любовь человека и брачную природу Своего общения с ним. И наконец, самое непреложное доказательство: воплощение Сына Божьего совершается в женском существе Пресвятой Девы, Которая отдает Ему Свою плоть и Свою кровь.

Божественному Отцовству, как качеству Божественного бытия, непосредственно отвечает женское материнство как религиозная специфика человеческой природы, ее способность к восприятию Божественного. Цель христианской жизни состоит в том, чтобы всякое человеческое существо сделалось матерью, предназначенной к тайне рождения: «дабы Христос вообразился в вас» (*Гал.4:19*). Освящение – это действие Духа Святого, Который осуществляет чудесное рождение Иисуса Христа в глубине души. Между тем Рождество символизирует свойственную всякой женщине харизму, дар рождать Бога в опустошенных душах. «Слово непрестанно рождается в сердцах человеческих» (Послание к Диогнегу).

По словам святого *Максима Исповедника*, мистик – это тот, в котором обнаруживается рождение Господа. И как знаменательно, что святой апостол Павел, желая выразить свое духовное отцовство, прибегает к образу материнства: «я снова в муках рождения» (*Гал.4:19*).

Одна особенность монашеской духовной жизни ярко выявляет только что сказанное нами. Если во всех других планах женщина рассматривается как существо низшее мужчины, то в плане харизматическом раскрывается совершенное равенство мужчины и женщины. *Климент Александрийский* говорит: «Добродетель мужчины и женщины – единая и та же самая добродетель... тот же самый образ поведения». Феодорит упоминает о женщинах, «которые боролись не менее, если не более, чем мужчины... обладая более немощной природой, они обнаруживали ту же решимость, что и мужчины». Сильная сторона женщин – «божественное милосердие» и присущая благодать горячей любви ко Христу. Здесь – никто не считает их низшими в духовном отношении. Их находят способными осуществлять духовное руководство монахинями, подчиняя их таким же правилам, что и монахов. Женщина, обладающая харизмами, «феофотистос», озаренная свыше, получает чин «аммас» или духовной матери. В большинстве случаев такая женщина является матерью монахинь своего монастыря, подобно тому, как преподобный Пахомий был отцом в своем монастыре. Миряне приходили в монастыри спрашивать совета у таких женщин (святая Евфросиния, святая Ирина).

Около 1200 года некий *авва Исайа* составил сборник изречений матерей под названием «Материк», аналогичный «Патерику». За исключением власти совершать Таинства и поучать в Церкви (остающейся за епископатом), матери обладали теми же прерогативами и обязанностями, что и отцы в среде монахов. Они не являются матерями Церкви (в противоположность отцам–епископам), но они почитаются духовными матерями и участвуют в проповеди Божественного учения; в литургических текстах прославляются некоторые из них как «равноапостольные» (святая Елена, святая Нина). Об этом свидетельствует сочинение святого *Мефодия Олимпийского* «Пир десяти дев», «Житие святой Синклитикии» аналогично «Житию святого Антония» и Апофегмы матерей в алфавитном порядке включены в Апофегмы отцов. Преподобный Пахомий посылает своей сестре устав своего монастыря, чтобы монахини формировались «на основании тех же канонов». Подобным же образом в «Уставе» святого *Василия Великого* говорится, что монашеские добродетели не чужды женской природе.

«Дидаскалия», говоря о священнослужении, определяет, какое отношение к лицам Святой Троицы имеют мужская и женская природы: «Диакон занимает место Иисуса Христа, и вы будете его любить. Вы будете почитать диаконис, замещающих Духа Святого». Смысл утверждения вполне ясен: мужчина онотологически (в своем духовном существе) связан со Христом, женщина онтологически связана с Духом Святым. Вот почему в символике литургического собрания женщины именуются «алтарем» и представляют собой молитву. Женщина – это Оранта, образ души, поклоняющейся Богу, человеческое существо, ставшее молитвой. На хорошо известной фреске в катакомбах святого Каллиста мужчина простирает руку, благословляя приносимый в жертву хлеб, – это священнодействующий, епископ, тот, кто совершает Таинство. Позади же стоит оранта (молящаяся), человеческое существо, ставшее религиозным. Молитва как таковая, непорочное приношение и целостная самоотдача. Женщина, будучи существом – молитвой, матерински охраняет жизнь, берет ее в руки и возносит к

Богу. Она находится под знаком Духа Святого, который «вынашивает» (библейский термин, встречающийся в повествовании о сотворении мира), под знаком Параклета – заступника и Утешителя.

ЖЕНЩИНА – МЕСТО ВСТРЕЧИ БОГА И ЧЕЛОВЕКА

Если мужчина соучаствует в деле Воплощения своим безмолвием в лице святого Иосифа («Слово, приемный сын безмолвия»), женщина, напротив, произносит «фиат» (да будет) от лица всех людей. На «фиат» творящего Бога Отца отвечает смиренное «фиат» «рабы Господней». Это «фиат» – необходимая человеческая предпосылка Воплощения, свободное «да» всего человечества, произносимое устами Девы Марии: «Да, я желаю Своего спасения, Я жажду Господа Моего». Иисус Христос не мог бы принять человеческую плоть и кровь, если бы человечество – Мария – не дала Ему их добровольно как дар, как непорочное приношение. В Сочельник *Церковь* поет: «Что принесем Тебе, Христе?.. Каждое из твоих творений благодарение Тебе приносит: Ангелы – пение, небеса – звезду, волхвы – дары, пастыри – чудо, земля – вертеп, пустыня – ясли; мы же Матерь Деву...». Вот почему для восточного богопочитания именно «Феотокос» (Матерь Божия), держащая на Своих руках Младенца Иисуса (а не хотя бы Симеон Богоприимец) – в подлинном смысле слова икона Воплощения, верховный образ общения Бога и человека, место встречи двух «фиат».

Человек Иисус не знает земного отца, но знает Свою Мать; зато отношения их – сыновне–материнские, Он связан с человечеством посредством материнства. Восточная *Церковь* останавливает свое внимание на словах Господа, обращенных к апостолу Иоанну: *се, Матерь твоя* (*Ин. 19:27*) и усматривает в них указание на исполнение назначения Евы: Мария – «Матерь живущих», образ Церкви в ее аспекте материнского покровительства. Как Оранта, Она – молитва Церкви; на иконах, посвященных этой теме, Она простирает Свой омофор над миром, «пестуя» его, и в композициях «Деисис», имеющих эсхатологическое значение, Она предстает как Ходатайница.

Новая Ева во Христе, Пресвятая Дева Мария вносит истину в человеческую природу, *Церковь* свидетельствует о ее ПРИСНОДЕВСТВЕ, утверждая, что Она в своей сущности Дева и ПОСЕМУ – МАТЕРЬ. Дело в том, что как правило, девственность расцветает в материнстве и всякая женщина призвана стать матерью.

По–гречески слово «целомудрие» означает: целостность и воссоединение, самая способность к соединению. В древней литургической молитве слышится просьба, обращенная к «чистейшей Феотокос»: «Любовию твоею свяжи душу мою»; сделай так, чтобы из агрегата психических состояний возникло единство, родилась душа. Только эта сила единения способна остановить процесс разрушения, каким охвачен современный мир с его мужской цивилизацией. Благодаря своему целомудренному устроению, женщина призвана осуществить это воссоединение. Спасение цивилизации зависит от «вечной женственности». Нам откроется ее спасительная сила, если мы уразумеем, что Ева подверглась искушению отнюдь не в качестве «слабого пола». Напротив, она была соблазнена, потому что она представляет собой начало религиозной целостности человеческой природы: пораженная в сердце, последняя тотчас же падает. Адам покорно следует за нею. «Жена дала мне плод».

Предоставленный себе самому, мужчина блуждает в бесконечности своих абстракций, среди созданных им усовершенствованных технических орудий, унижающих его достоинство; морально испорченный, он начинает все портить, и создает мир на основе своих постулатов, проникнутых отрицанием человеческого начала – мужчина в агонии. Безумие – это болезнь одного, мужской рассудок – коллективное безумие, охватившее всех. Подлинно женственное начало хорошо обрисовано Клоделем, который вкладывает в уста Благодати такие слова: «Я недоступна рассудку, ты не сможешь сделать, ты не сделаешь со мной, что ты хочешь, но я пою и танцую».

Мужчина проецирует себя в мир, создавая орудие, женщина совершает это, отдавая себя. В своем сокровенном существе она настроена в унисон с ритмами природы. Но как правило, физиология и психика зависят от духа, служат ему и выражают его. Из присущего женщине МАТЕРИНСКОГО ДУХА проистекает ее физиологическая способность рождать. Точно так же мужчина обладает физическими мужскими свойствами потому, что в его духе есть нечто, свойственное той «силе», о которой идет речь в Евангелии: «употребляющие усилие овладевают Царствием Божиим» (*Мф.11:12*).

Если мужчине свойственно ДЕЙСТВОВАТЬ, то женщине свойственно БЫТЬ, и это по преимуществу религиозное состояние. Мужчина создает науку, философию, искусство, однако он все извращает, подвергая опасной объективации организованную правду. Женщина противостоит всякой объективации, потому что она находится в перспективе не творчества, но рождения потомства; она сама, в силу своей природы, является критерием, который исправляет всякую абстракцию. Возводя ценности к их центру, правильно раскрывая мужское слово, женщина всегда будет инстинктивно утверждать превосходство бытия над теорией, активного над спекулятивным, интуитивного над дискурсивным. Она обладает даром непосредственного проникновения в существо другого, рожденной способностью схватывать неуловимое, разгадывать судьбу. Охранять мир мужчин в качестве матери и очищать его в качестве девственницы, даруя этому миру душу, свою душу, – таково призвание женщины, будет ли она монахиней, незамужней или супругой.

Мужчина, связанный со Христом–Первосвященником, проникает сакраментально в стихии мира сего, освящает его и преобразует в Царство Божие. Проявляя силу, он восхищает Царство. Между тем, это сокровище и есть агиофания, святость бытия, и Жена поражает змия в главу не своими действиями, но всем своим существом, своей чистотой. Для демонов нестерпима именно эта святость бытия.

Мужчина экстатичен, он распространяет свое существо и проявляет свою гениальность вовне, дабы покорять мир; женщина же энстатична, обращена к своему существу, к бытию. Женское начало раскрывается на уровне онтологической структуры, оно не слово, но «ессе» (быть), лоно творения. «Феотокос» отдает все Свое существо, в которое вселяется Слово, Она носит Его и обнаруживает. В литургии Пресвятая Дева отождествляется со сферой Премудрости Божией, и в нем прославляется достижение цели Божественного творения: «термино фиссо д'етерно консилио» (конечная цель извечного желания Божьего).

У Гераклита мы встречаем такое изречение: «Война – отец всех вещей», и противоположное: «Гармония, согласие – мать всех вещей». Он приводит поразительный образ лука и лиры. Греческое слово «биос» означает и «лук», и «лиру», то, что убивает, и то, что животворит. Отец – война – символизируется луком, а мать – симфония – лирой. Между тем, можно сказать, что лира – это совершеннейший лук, лук, на который натянуты струны; и это лук не приносит смерть, а воспевает жизнь. Таким образом, мужское начало, воин, губитель, может быть настроено, возвышено женским началом и преображено в жизнь, в культуру, в культ, в эсхатологическую литургию. Таинство брака соединяет взаимовосполняющие харизмы и обусловливает совершенно особую форму священнодействия верных.

ПЕРСОНАЛИСТСКАЯ КОНЦЕПЦИЯ БРАКА

Социальная жизнь нуждается в женатых людях, так же, как она нуждается в земледельцах и в солдатах. В своем утилитаризме общество может даже оправдать многоженство, существовавшее в Ветхом Завете, или кодекс Хаммурапи (§145), в котором были узаконены плодовитые наложницы и приравнены к супругам. В данном случае благо всего рода ставится выше блага индивидов. Общество интересует лишь биологическая и социологическая ценность брачных союзов. Ему даже нет надобности высказываться о любви, и если оно упоминает о ней, то имеет при этом в виду семью, а не любовь как таковую.

Любовь сторонится этих форм и даже ускользает от религии, когда та не говорит ей ничего, соответствующего ее тайне. Подобного рода «воспитание чувств» порождает расколы, обмирщение и в конце концов отрывает человека от Церкви. С другой стороны, обычное в наши дни воспитание отнюдь не содействует одухотворению брака как такового; оно всецело социолизировано и изрекает только банальности на тему о произрождающей любви. Но, во всяком случае, школьное учение не является единственным и ни в коей мере не может выдавать себя за Предание. Здесь вполне уместно напомнить слова святого Бенедикта, встречающиеся в его Уставе: «существуют пути, которые представляются людям прямыми, но которые в конце своем приводят в самые глубины ада» (Изречения 16:25).

Семена, заложенные в Библии, прорастают и приносят плоды лишь спустя долгие века. В наше время происходит утверждение совершенно новой духовности, которая стремится обрести в супружеской любви ни более, ни менее, как призвание к священству, брачное священство. Только поднявшись над уровнем философии «общего блага», можно осознать единственную в своем роде ценность тех, кто любит друг друга. Именно это интимное и тайное начало благословляется в Таинстве брака, любовь составляет субстанцию последнего и получает дар Святого Духа в супружеской Пятидесятнице. Общество знает лишь внешнюю сторону брака. А между тем между двумя любящими только один Бог пребывает как Третий, и вот почему смысл брака заключается именно в этом двойном и непосредственном отношении к Богу.

В древних обрядах и в греческих мистериях брак назывался «телос» – конец – в смысле осуществления и плеромы. Дионисий псевдо–Ареопагит объясняет смысл этого термина: «Афиняне называли брак «телос», потому что он увенчивает человека для жизни». Также и у Платона эрос – это устремленность к единству.

Владимир Соловьев в своем сочинении «Смысл любви», которое, возможно, является самым проникновенным из его трудов, связывает любовь не с родом, но с личностью. Произрождение раскалывает личность, любовь восстанавливает ее целостность. Он показывает, что низшие организмы обладают огромной способностью к размножению при полном отсутствии полового влечения, это обусловлено уже тем, что в данном случае даже не дифференцирован пол, как таковой. У более высоко организованных существ половое влечение возрастает по мере того, как уменьшается способность к размножению, и наконец, человек, стоящий на вершине животного мира, способен испытывать в самой высокой степени сексуальную любовь, даже при совершенном отсутствии размножения. Итак, если на двух противоположных концах лестницы животной жизни мы встречаем, с одной стороны, размножение без сексуальной любви, а с другой – сексуальную любовь без размножения, то становится очевидным, что эти два феномена не являются нерасторжимо связанными между собой, что каждый из них имеет свое собственное значение, и что размножение нельзя рассматривать как основную цель сексуальной жизни, раскрывающейся в своих высших формах. В человеке сексуальная дифференциация обретает свой смысл независимо от рода, от общества и от всеобщего блага. В самом деле, между сексуальностью и произрождением существует непосредственная связь физического характера; она обусловливает сексуальное влечение, которое в большинстве случаев осуществляется автоматически, безлично на всех планах животной жизни. В силу преобладания рода над личностью сексуальное влечение осуществляет простую специфическую функцию, при которой становится возможными всякого рода суррогаты. В этом плане сексуальная жизнь носит явный отпечаток человеческого падения. Если становится целью продолжение рода или плотское наслаждение, то соучастник становится простым средством и теряет свое достоинство. Только одна любовь сообщает духовный смысл браку и оправдывает его, давая возможность созерцать лицо любимого существа в Боге, на уровне единственной иконы.

Учреждая монашество, *Церковь*, несомненно, утверждает абсолютную ценность человеческой личности, вознесенной над социальной сферой бытия, она снова это утверждает, освящая единственное существо любящих, причем это освящение становится в центре Таинства брака. Супружеская любовь раскрывается из глубины духа, и взор ее обращен вовнутрь. Ее видимая сторона всего лишь внешнее обнаруживание. Ее незримое существо открывается только вере, потому что вера и есть созерцание невидимого: «В созерцании любимого существа возрастает любовь», – говорит Феодорит. «Другое «я» открывается очам любви», – говорит святой *Иоанн Златоуст*.

Не прибегая более к цитатам, мы сможем обнаружить традицию, которая развивается, заслоненная известной кенозой (умалением) любви. *Ориген* подчеркивает, что любящих соединяет рука Божия. Святой *Иоанн Златоуст* видит в каждом браке образ брака в Кане Галилейской, – и, следовательно, реальное присутствие Иисуса Христа. «Господь приходит на брак, чтобы совершать всякий раз то же самое чудо», – прибавляет святой *Кирилл Александрийский*. «Иисус был приглашен, дабы сообщить чистоту свадьбе... и даровать благодать для перенесения грядущих страданий», – говорит святой Епифаний. В своей «Моральной поэме» святой *Григорий Назианзин* поучает нас, что вся человеческая культура в своей основе имеет супружеское общение: «Но есть нечто еще более высокое и лучшее... Брак – это ключ, открывающий дверь в обитель чистоты и совершенной любви».

На Западе можно отметить францисканскую традицию святого Бонавентуры, Ришара де Медиавиль, Дунса Скотта. У них уже не играет никакой роли финалистская доктрина схоластиков и основной целью является «бонумсакраменти» (благотаинства). «Сакраментум» – это брак в собственном смысле этого слова; «фидес» (верность), «пролес» (произрождение) относятся к «оффициум конъюнкции» (осуществление супружества). Для Гюга де Сен-Виктор основное в браке – это узы милосердия, единение сердец. «Супружеская любовь – таинство единения, по образу единения Христа с Церковью, осуществленного благодаря Его воплощению». На исходе Средних веков некоторые проповедники (в силу реакции против учения альбигойцев) так высоко оценивают брак, что даже ставят его на первое место перед исповеданием веры. Они полагают, что женатые люди принадлежат к особому ордену; согласно Робберу де Сорбон, это «сацер ордо» (священный орден); по мнению доминиканца Перегрина, орден супругов имеет аббатом Господа Бога.

Таким образом, и на Востоке и на Западе, можно усмотреть непрерывную традицию. В полном согласии с библейским учением, эта традиция энергично подчеркивает личное значение брака, показывая обращенность любящих друг к другу, их существование одного для другого. Супружескую жизнь нет надобности «извинять», она сама по себе является ценностью. Право, Восток может только радоваться, видя на Западе целую плеяду современных богословов, чья мысль развивается под знаком персоналистского понимания брака. Упомянем следующие труды: «Смысл и цель брака» Герберта Домса (1935), голландца Хегека, швейцарца Бернадина Кремпеля «Вопрос о цели брака в новом освещении» (1945), Д. фон Гильдебранда «Брак» (изд. Серф, 1936), Ж. Н. Рошолла «Брак как освященная жизнь» (1936). Все упомянутые авторы видят в любви основной смысл брака. Наряду с классической концепцией в энциклике папы Пия XI «Касти коннубин» (1930) развивается и такое понимание брака: брак – это «полное жизненное единение» и «искание совершенства», «супружеская любовь... все проникает и обладает своего рода высочайшим благородством... В этом совместном духовном формировании супругов... можно усмотреть по всей правде... причину и главное основание брака».

Мужчина и женщина идут навстречу друг другу и «познают один другого», открываясь друг другу в целях совместного восхождения: нет никакой надобности облагораживать или узаконивать, а тем более «извинять» назначение и смысл брака, который царственно утверждается в себе, ранее или даже независимо от произрождения. Из переливающейся через край полноты может явиться на свет дитя как плод брака, но не как произрождение, которое обосновывает и образует ценность брака. Святой *Иоанн Златоуст* говорит: «Если бы даже и не было дитяти, не окажутся ли по-прежнему двое, образующих единую плоть? Несомненно так, потому что супружеская любовь приводит к этому, соединяя и смешивая друг с другом эти два существа. Если вы бросите ароматное вещество в масло, они смешаются и станут единым целым; так же обстоит дело и здесь». «Двум душам, таким образом соединенным, уже нечего страшиться. Сохраняя согласие, мир и взаимную любовь, мужчина и женщина обладают *всеми благами.* Они могут жить в мире за неприступной стеной, которая охраняет их и которая есть любовь в Боге. Благодаря любви, они крепче алмаза и тверже железа, они плавают в полноте, устремляются к вечной славе и все более и более привлекают благодать Божию». «Брак – это глубочайший союз двух душ», «Таинство любви».

ПОСЛЕДНИЙ СВЕТ

Любовь не относится к «порядку дня», но к порядку последнего дня. Сохранившееся в Предании изречение («Аграфон»), приводимое святым *Климентом Римским*, ясно говорит об этом. На вопрос Саломеи: «Когда придет Царство Божие?» Господь ответил: «Когда вы упраздните одежду стыда, и когда двое станут одним и мужеский пол, и женский уже не будут как мужеский и женский...».

Все противоречия, свойственные человеческой природе, обнаруживают в сексуальной жизни, потому что она наиболее ранима, и ей нанесена глубокая рана. Когда сексуальное влечение носит безличный характер, оно оказывается источником самых отвратительных профанаций и самого унизительного порабощения человеческого духа. В таком случае ищут не единственное любимое существо, но имеет силу физиология и момент, стремятся к «малой вечности наслаждения». Отбросив господствовавшие в сексуальной области табу, пользуются изощренными техническими средствами, разжигающими извращенную эротику, опускаются даже ниже животных, и человек испивает чашу позора и подвергается заболеваниям.

После утери Эдема, проституируется только область физиологии. По словам Якоба Беме, девственница улетела на небо, и на земле знают только дурные мужественность и женственность, облеченные «одеждой стыда», инстинктивная стыдливость говорит об этом. Однако с пришествием в мир Феотокос, девственница снова выдвинулась среди людей, и целомудрие ожидает часа своего, чтобы явить свою силу как фермента, очищающего человеческое существо. Когда Ангел в Апокалипсисе возвещает, «что времени больше не будет», он возвещает также об упразднении «одежды первичной девственности: «когда двое станут одним». Мужское и женское в Царстве Божьем, Адам и Ева вновь станут единым девственным Существом.

На протяжении истории, как правило, бывает так, когда речь идет не о святых: брак представляет собой лишь клеточку общественного организма и узаконенное сожительство тех, которые «не ведают, что творят». Все высокое достоинство брака, согласно приведенному нами изречению, обнаружится только в конце истории, потому что для его осуществления потребны великая духовная зрелость и аскетическое овладение своей природой, какое возможно лишь при достижении цели.

Альфа всегда заключает в себе омегу: «Вот я делаю последнего как первого» (*Мф.19:30; 20:16*; *Мк.10:31*; *Лк.13:30*), но конец превосходит начало, ибо восполняет его. Вот почему восстановление в правде совершается при обращенности назад, но главным образом при взирании вперед: «Мы вспоминаем то, что приходит» – этот удивительный парадокс, высказанный святым *Григорием Нисским*, вполне в духе литургии, которая «вспоминает о Страшном Суде»; святой *Максим Исповедник* хорошо развертывает его значение: «Не следует искать начальный принцип позади, но надлежит созерцать цель, которая впереди, дабы познать в конце принцип, который был оставлен: в том конце, который человек не сумел прозреть в начальном принципе». Любовь и есть именно тот центральный пункт, в котором исконная полнота взывает к полноте грядущей. Во времена Ветхого Завета святые были царями и пророками, но теперь, говорит святой *Макарий Египетский*, «люди, освященные через миропомазание, становятся христианами, чтобы быть царями, священниками и пророками, говорящими о небесных тайнах. Они умерли и тотчас же воскресили и вкушают будущее в настоящем».

Если монах преодолевает длящееся время, то христианская чета совершает его преображение и воссоединяет его с вечностью. Целомудренный брак оберегает сердце от «тлетворного влияния» падшего времени и страстей, и благодаря ему единое существо, каким стали супруги, оказывается местом встречи Единого Возлюбленного и исходным пунктом всеобщего вознесения к Отчему дому.

Ветхозаветный брак как произрождение имел функциональное значение и был непосредственно связан с циклами поколений и устремлен к пришествию Мессии. Брак как священство в супружестве носит *онтологический характер:* это новая тварь, которая пронизывает вечностью человеческое время; будучи эсхатологичным подобно монашеству, брак есть тайна восьмого дня и пророческий образ Царства Божьего. Монастырская аскеза встречается с аскезой супружеской: «Тот, кто получил дар Святого Духа, оказывается очищенным... он вдыхает в себя Божественную жизнь». Дух зарождает священническое милосердие в супругах и материнскую нежность в женах, и они становятся открытыми миру, дабы освободить своего ближнего и возвратить его Богу. «Женщина спасена будет материнством», в этих словах можно услышать тайную весть: рождение нового «эона» (века) за пределами всякого плодородия, имеющего функциональный характер. Эти слова прежде всего имеют отношение к Рождеству Христову, которое кладет начало «эону» воплощения, в них слышится также проповедь о целомудрии как о ценности, имеющей всемирное значение, знаменующей собой «эон» эсхатологической святости.

* * *

Ложные мифы, опасные заблуждения, огромное количество духовно пустой литературы сочетаются вместе и вступают в союз с невежеством, выражающимся в незнании харизмы и значения любви. Настоящий краткий обзор был необходим, чтобы обрисовать основные контуры антропологии (учения о человеке), точнее охарактеризовать царственное священство верных и *в свете монашества* понять брак как супружеское священство. Только поднявшись до уровня мысли Бога о человеке, осознав неизмеримое достоинство новой твари, можно уловить сущность супружеского единства.

АНТРОПОЛОГИЯ

ЧАС СВИДЕТЕЛЕЙ

Бог царственно свободен, что выражено в словах: «Мистериум фасцинозум» (таинство, очаровывающее абсолютно и навсегда). «Что можно знать о Боге, явно для них...», но «люди подавляют истину неправдою» (*Рим.1:18*–19). А между тем «Дух Святой ничего не боится и никого не презирает», эти слова святого *Симеона Нового Богослова* означают, что Бог не господин, а человек не раб. Бог есть Свобода, а человек дитя этой Божественной свободы, и, по словам отцов, «игра Божия».

Чем больше представляется нам святилище заброшенным и профанированным, тем большую силу обретает человеческое «да» святыне жизни, очищенное в огне царственно свободной веры. Воинствующие атеисты, сами того не подозревая, особым образом содействуют очищению образа Божьего в человеческом сознании. Их критика, задыхающаяся в безвоздушном пространстве, открывает новые просторы творческой мысли христианских богословов, побуждает их устремляться во внутренние расселины к последнему освобождению. Если в минувшие века человек имел тенденцию удаляться от искаженных форм господствующей религии, то в наше время, когда современный мир давит на человека всей тяжестью своей политики и техники, человек предчувствует, что человеческое достоинство и его свобода могут быть обретены лишь в единственном прибежище верующего меньшинства, потому что «где Дух Господень, там свобода» (*1Кор.3:17*).

Речь отнюдь не идет о реформах внутри Церкви; такая, как сейчас, она – чудо и святилище. Речь идет о «метанойи», об изменении существа каждого верующего. Именно поскольку он есть вместилище Пятидесятницы, он не может нигде обосноваться. «Хомо виатор», он чувствует у себя под ногами «три тысячи саженей воды», но ему известны места в мире сем, где тяжесть давит со всей своей силой, потому что в Боге только «да». Конец константиновской эпохи знаменует собой конец великих исторических организмов и начало радостной эры апостольской веры свидетелей. Монашество и царственное священство верных полагают начало христианскому синтезу последних времен.

БОЖЕСТВЕННОЕ ЧЕЛОВЕКОЛЮБИЕ

На просьбу одного язычника показать ему своего Бога, святой *Феофил Антиохийский* отвечает: «Покажи мне твоего человека, и я покажу тебе моего Бога». Он хочет сказать, что человек, «созданный по образу Божьему», отражает Божественную тайну, и что Бог и человек неопределимы никакими словами. Когда Бог вылепил человека Адама, «Он видел Христа – человека, Христа, Который должен был в свое время стать этой перстью и этой плотью» (*Тертуллиан*). Не у человека, но у Бога были глубокие основания для воплощения, они заключались в его желании стать Человеком и сделать человечество вместилищем Теофании, Его излюбленным местопребыванием. В литургии превосходно уловлен этот момент, ибо Бог назван там Человеколюбцем, Любящим людей. Его любовь стремится установить с человеком самое высокое и непреложное общение; допуская или не допуская падение человека, Бог создал мир, чтобы стать в нем Человеком и чтобы человек стал там «богом по благодати», будучи сопричастен прерогативам Божественного бытия: бессмертию и целомудрию своего существа.

СОСТАВ ЧЕЛОВЕЧЕСКОГО СУЩЕСТВА: ДУХ И ПЛОТЬ

Библии чужд дуализм греческой мысли, признающий две субстанции, находящиеся постоянно в борьбе: дух и тело – тюрьму души. Ей известен только моральный конфликт между желанием Творца и желанием твари, между святостью как нормой и грехом как извращением. Противоположность между «хомо анималис» (человек животный) и «хомо спиритуалис» (человек духовный) осуществляется в его целостном существе. Нераздельное целое, воплощенный дух, человек в своей основе есть «существо сопричастное», до такой степени, что святой апостол Петр определяет цель его жизни: *дабы вы... соделались причастниками Божеского естества* (*2Петр.1:4*). «Хомо виатор» (странник на земле), он осуществляет в этом соучастии свое подобие, свое родство с небесным или с демоническим, он накладывает тот или другой отпечаток на весь материальный план. Душа оживотворяет тело, делает его живой плотью, а дух пневматизирует, одухотворяет все человеческое существо, делая человека духовным. Дух – не простая составная часть человека: тело, душа, дух, – но начало, определяющее качество. Он выражается и обнаруживается сквозь психику и тело, повышая их качество в той мере, в какой осуществлено его господство над ними. Аскетизм – это поистине великая культура, подлинная наука, имеющая целью опрозрачить тело и душу и покорить их духовности. В противном случае человек может «угасить дух» (*1Фес. 5:19*), привести к безмолвию источник жизни, иметь плотяные мысли и целиком превратиться в одушевленную плоть, в мясо потопа, в добычу ада.

БИБЛЕЙСКОЕ ПОНИМАНИЕ СЕРДЦА

Сердце, о котором говорится в Библии, не совпадает с эмоциональным центром психологов. Евреи думали сердцем. Будучи метафизическим центром, сердце объединяет все способности человеческого существа; разум, интуиция, воля никогда не бывают чужды выбору и симпатиям сердца (логика и доводы сердца, о которых говорит Паскаль). Излучая свет и пронизывая все, сердце таится в своей собственной таинственной глубине. Слова «познай самого себя» относятся прежде всего к этой глубине: «Войди в себя, и там обретешь ты Бога, Ангелов и Царство», – говорят духоносные отцы.

«Кто может познать сердце?» – спрашивает пророк Иеремия, и отвечает: «Один Бог испытует сердца и утробы» (*Иер.17:9*–10), это значит, что Бог проникает в область, темную и недоступную для сознания, в подсознание или в сферу бессознательного. Святой апостол Петр говорит о «хомо кордис абскондитус», о «сокровенном сердца человеке», и именно на этой непостижимой глубине пребывает «я» человека. Тайну человека, носящего образ Божий, прекрасно передают слова святого *Григория Нисского*: «В «непостижимости» человека как такового усматривается отпечаток Несказанного». «Деус абскондитус» (Богу сокровенному, таинственному в своей сущности) отвечает Его образ, «хомо абскондитус».

«Где сокровище ваше, там будет и сердце ваше» (*Мф.6:21*); ценность человека определяется предметом его любви и желаниями его сердца: «Иисусова молитва», или, что то же, «сердечная молитва», приводит к тому, что сердце становится местом постоянного пребывания Иисуса Христа. Евангелие и учение аскетов отводят сердцу первенствующее место в иерархии, которую представляет собою его состав; сердце сообщает всему существу человека здоровье или заражает его своими недугами. В противоположность утверждению Леонардо да Винчи, всякое познание есть дитя великой любви. Изречение: «Амо, ерго Сум» (я люблю, значит, я существую) выражает собою целенаправленность (интенциональность), исконную, врожденную и как бы намагниченную. «Ты создал нас для Себя, и наше сердце не знает покоя, доколе не успокоится в Тебе», – утверждает *Блаженный Августин*. «Лишь для Тебя одного я живу, говорю и пою». «Бог заложил в сердце человека желание, устремленное к Нему», – отсюда великолепное обращение святого *Григория Назианзина* к Богу: «О, Ты, Которого возлюбило мое сердце».

ЧЕЛОВЕЧЕСКАЯ ЛИЧНОСТЬ. ТРОИЧНОСТЬ ОСНОВАНИЯ

Откровение о личности принесено в мир христианством. Оно исходит свыше, проистекая из догмата о Святой Троице. В лоне троического единства каждое Божественное Лицо есть непрестанное взаимное самоотдание во взаимном лицезрении и взаимопроникновение всех Трех. В этом «коессе» (событии) Лицо имеет целью общение, через таковое оно извечно тождественно себе. Строго говоря, Лицо существует лишь в Боге. Человеку свойственно испытывать тоску по личному бытию, он стремится стать «личностью», и он осуществляет ее только в богообщении, в сопричастности троичному персонализму Бога.

«Создавать и, создавая, создавать самого себя» – эта философская формулировка в богословии предстает на более высоком уровне: «Творить себя, превосходя себя самого»; не «сум», но «сурсум». Это процесс непрестанного самоперерастания, направленного к Божественному «Ты», «ибо всякое начинание вызывает к жизни новое начинание», как говорит святой *Григорий Нисский*: «На этом уровне наша личность, наше «я» по существу не принадлежит нам, мы ее обретаем как дар благодати, завершающий ее». Святой *Максим Исповедник* уточняет: Тождество личности (самой себе, своей истине, в качестве иконы Божией) посредством благодати». Самое глубокое «я» – основа личности и единственности – это дар.

ХРИСТОЛОГИЧЕСКОЕ ОСНОВАНИЕ

В будущем веке, говорит святой Иоанн Богослов (*Ин.3:2*), – «мы будем подобны Ему». Это объясняется тем, что человек создан по своему Божественному Архетипу, Христу. Живя во Христе, человек еще в этом мире перестает быть естественным существом и становится существом вохристовленным (Chriotic).

Во Христе Божественное соединяется с человеческим и место этого общения – Божественная Личность Слова. В этом общении человеческое сознание Иисуса внедряется в Божественное сознание.

У человека его человеческая личность – место общения с Божеством, и Божественное сознание внедряется в сознание человеческое: «Мы придем к нему и обитель у него сотворим» (*Ин.14:23*). Это дает основание святому апостолу Павлу сказать: «Уже не я живу, но живет во мне Христос» (*Гал.2:20*), и осуществляя свою проповедническую миссию, стремиться к тому, чтобы «Христос изобразился в вас» (*Гал.4:19*). Человек «христофор», носитель Христа, удостаивается откровения «христофании», в нем обнаруживает Себя Христос.

ОСУЩЕСТВЛЕНИЕ ЛИЧНОСТИ

В плане естественного бытия осознание человеком своего «я» раскрывается и осуществляется в социальной сфере посредством общения. Здесь всякое человеческое существо является индивидом, это категория биологическая и социальная. Человеку присущ психологический центр единства сознания, заставляющий все в мире вращаться вокруг него. Будучи эгоцентричным, он имеет склонность замыкаться в индивидуализме. Этот центр представляет собою всего лишь зачаток той личности, которая еще не превосходит индивида, по существу будучи лишь потенциальной личностью.

Личность – это духовная категория. Если индивид является индивидуализированной частью целого природы, напротив – вся природа включена в личность. Индивид – это данность естественного порядка, он является гражданином государства и общества; личность – член Царства Божьего, она предполагает преодоление естественного порядка бытия и стремление дать творческий ответ на Божественный призыв. «Человек, – говорил святой *Василий Великий*, – создание, которое получило повеление стать богом», это значит, по словам святого *Максима Исповедника*, «воссоединить силою любви природу тварную (человеческую) с природой несотворенной (Божественной благодатью)». Это и есть личный и всегда единственный образ существования, приводящий к состоянию «новый твари» во Христе – к святости. Индивид и личность противостоят в одном и том же существе как две различных качественности. Шарль Перм говорил, что индивид – это буржуа, которого каждый человек носит в себе, дабы его побеждать. Индивид, о котором говорят, что он «сильная личность», нередко представляет собой только «типическое» воспроизведение уже ранее виденного и его можно легко причислить к тому или иному психологическому типу или к характерологической разновидности. С другой стороны, святой поражает нас своим лицом, отражающим его личность, единственный во всем мире. Его никогда раньше не видели.

СВОБОДА

Воля – это функция человеческой природы, она несет в себе свои желания; вот почему аскетизм прежде всего культивирует отказ от своей воли, освобождение от всякой необходимости, навязанной нам природой. Напротив, свобода имеет непосредственное отношение к личности, и дает возможность последней преодолеть всякое рабство и всякую естественную необходимость. «Бог почтил человека, доверив ему свободу, дабы это благо стало собственностью того, кто его избирает», – говорит святой *Григорий Нисский*. Святой *Максим Исповедник* идет еще дальше: для него самая потребность выбора доказывает немощь, совершенный пребывает уже над выбором, он порождает добро. Он создает свои собственные основания, вместо того чтобы подчиняться чужим. Таким образом, самые свободные и совершенные деяния – это такие, в которых уже нет и речи о выборе. Целостность такой свободы оберегается даже благодатью, которая тайно касается души, никогда не принуждая ее. Святой *Максим Исповедник* так высказывается по этому поводу: «Дух не возрождает никакую волю, которая Ему противится. Он преображает, даруя обожение, лишь ту волю, которая Его возжелает». Будучи живым замыслом Божьим, человек призван разгадать этот замысел и в этом смысле свободно творить свою участь. «Человек был порожден духом в свободе, дабы ему самостоятельно двигаться».

Святой Антоний различает три вида энергий, сосуществующих в человеке: Божественную, человеческую и демоническую. Человеческая *автономия* приводит к тому, что человек оказывается «закапсулированным», замкнутым в себе самом, она носит неустойчивый и проблематичный характер. *Гетерономия* – это воля демоническая, враждебная человеку. *Теономия* – это не простая зависимость или подчинение, но синергия, общение, дружба. «*Я уже не называю вас рабами... но Я назвал вас друзьями*» (*Ин.15:15*). Над этикой рабов и наемников Евангелие возносит этику друзей Божьих. Когда наша свобода и наш образ действий включается в Божественный образ действий, они обретают в нем единственную возможность развернуться во всей своей полноте. Вера никогда не бывает простым интеллектуальным принятием учения или слепым повиновением, но она есть верность личности – Личности. Это отношения жениха и невесты, соединяющихся в браке, воспеваемые в эпиталаме. Библия всякий раз прибегает к этому образу, когда заходит речь об отношениях между Богом и человеком.

Произнося «фиат» воле Божьей, я тем самым отождествляюсь с желаниями любимого Существа, воля Божия становится моей волей: «Уже не я живу, но живет во мне Христос». Бог просит, чтобы человек осуществлял волю Отца, как если бы это была его собственная воля. Таков смысл евангельских слов: «Будьте совершенны, как совершен Отец ваш небесный». «Бог первым полюбил нас», без всякой причины, и уже эта Его любовь дает нам некое предчувствие Его Божественной свободы. Он любит нас без всяких оснований, без всякой заслуги с нашей стороны, и уже в силу этого Его любовь есть дар, который вдохновляет и побуждает нас к свободному ответу.

Премудрость Божия в своем невообразимом головокружительном созидании, предаваясь радостям Божественной игры (*Притч.8:31*) с детьми человеческими, может «измыслить» только существ Своей породы, то есть богов: «Все вы боги, сыны Всевышнего», – говорит Господь, и вот почему, согласно *Симеону Новому Богослову*, и Бог соединяется только с богами. Они получили в дар нечто, присущее им самим, нечто, проистекающее только из свободного движения их сердца. Только эта свобода, только эта свободная любовь облекает человека «брачной одеждой» для входа в чертог, где совершается Божественный брак. Святой *Григорий Назианзин* восклицает, охваченный величайшим изумлением: «Поистине, человек – Божия игра». Именно потому, что мы можем сказать: «Да не будет воли Твоей», мы можем сказать «да». Но надлежит, чтобы это «да» было порождено в тайне в истоках нашего существа. Та, Которая произнесла это «да» от лица всех, есть Дева, Мать живущих, Живоносный Источник. Ее «фиат» не было выражением только чистой и простой покорности Ее воли, но было произнесено всем Ее существом как выражение Ее духовной жажды и плод Ее молитвы.

Бог не дает приказаний, но бросает призывы, приглашения: «Слушай, Израиль!». Постановления тиранов вызывают глухое сопротивление; приглашение Господина пиршества вызывает за собой радостное согласие «тех, которые имеют уши». Избранный – это тот, кто добровольно простирает руку и принимает дар. «Они придут с радостными криками на высоту Сиона, они потекут к хлебу, к новому вину, душа их уподобится брошенному саду» (*Иер.31:12*).

В эти «глиняные сосуды» Бог вдохнул свободу и поставил их во времени. Предполагается, что сотворенное, но не завершенное существо имеет перед собой некий временный диапазон, на протяжении которого оно может образовать самого себя, сотворить себя по образу свободного Существующего. И если возможна неудача, если в творческий акт Бога включено предположение об отказе, это значит, что свобода «богов», их свободная любовь образует сущность человеческой личности, «Я заключу брак с тобою навеки... и ты познаешь Ягве. Я полюбил тебя вечной любовью, дева Израиля» (*Иер.31:3*); и даже в этих словах: *плодитесь и размножайтесь* (*Быт.1:28*), – слышится призыв к возникновению новой твари.

Латинское слово «персона», так же как и греческое слово «пропсон», первоначально означает «маска». Следовательно, в одном этом термине содержится целая философия человеческой личности. Он ясно показывает, что не существует автономного человеческого порядка, ибо существовать значит быть причастным к бытию или к небытию. В этой причастности человек становится иконой Божьей или демонической гримасой обезьяны Бога. Человек не имеет лица, замкнутого в себе самом. В своем воплощении Бог уже не только Бог, Он – Богочеловек. Человек также не только человек, но человек – бог, обоженное существо. Святой *Григорий Нисский* ясно это высказывает: «Человечество состоит из людей с лицом Ангела и из людей, носящих маску зверя». Всякий духовный человек «до конца дней своих не прекращает разжигать огонь от огня». Таким образом, человек может оживить пламя любви и выявит сходство, он может также зажечь огонь геенны, создать область, где господствует полное различие, ад. Произнеся «нет», он может разбить свое существо на инфернальные, замкнутые отсеки и может своим «да» создать бесчисленные союзы.

ОБРАЗ И ПОДОБИЕ БОЖИЕ

Резюмируя высказывания святых отцов, бесконечно богатые и изобилующие оттенками, можно сказать, что каждая способность человеческого духа (разум, свобода, любовь, творчество) отражает образ, но что последний в своей сущности не что иное, как целостность человека, сосредоточенная на духовном, и ему свойственно превосходить самого себя и устремляться в бесконечность Бога и обретать в ней успокоение своего томления. Святость не что иное, как неутолимая жажда, безмерное желание Бога. Всякий предел, учит святой *Григорий Нисский*, заключает в своей сущности потустороннее, возможность своего преодоления – вот почему душа может успокоиться только в живой бесконечности Бога. Святые – это душа желания.

Такого рода томление врожденно человеку, оно было ему присуще в зародыше еще в Эдеме, когда он должен был осуществить свое первоначальное назначение, и святые отцы настоятельно подчеркивают, что Иисус Христос возобновляет и вновь оживотворяет то, что было прервано грехопадением. Образ выздоровления постоянно встречается в Евангелии, его можно даже назвать нормативным: воскресение есть выздоровление от смерти. Вот почему творение мира постулирует воплощение Сына Божьего, дабы оно содействовало развитию синергии Божественных и человеческих деяний и руководило последними до дня Страшного Суда, когда зародыш произрастет и принесет вполне зрелые плоды. Первичный замысел «ен архе» (в начале) совпадает со своим «телос» (осуществлением), археология с эсхатологией. От «древа жизни», произрастающего в Эдеме, через Евхаристию, в которой вновь получают его плод, человек направляется «к трапезе без покрывала», к пиршеству в Царстве Божьем. От первичного совершенства, которое оказалось непорочным, ибо было неосознанным, человек направляется к совершенству Отца Небесного. *Образ Божий,* объективное основание, взывает к *подобию,* субъективному, личному. Зародыш – «сотворенность по образу» ведет к расцвету– «существованию по образу» Сущего. На слова «Бог есть Любовь» человек отвечает: «Амо ерго сум». Как говорит святой Каллист: «Самое великое из всего, что происходит между Богом и душой человеческой, – выражается словами: «любить и быть любимым».

БОЛЕЗНЬ И ВЫЗДОРОВЛЕНИЕ

До грехопадения животная жизнь была внеположна духовному существу человека; открытая и обращенная к нему, она пребывала в ожидании своей собственной спиритуализации – гуманизации (Адам, нарекающий имена живым существам и вещам). По словам Исаака Сирианина падение в чувственный мир ускорило события и включило в существо человека животную жизнь. Отцы Восточной Церкви утверждают, что духовный человек, сотворенный по образу Божьему, существо, для которого естественна сверхъестественность, обладает первичностью и осуществляет собою истинную норму, а «человек естественный» попросту присоединился к нему после трагического происшествия. Биология, животная жизнь, представляется чуждой подлинной природе человека, поскольку она была воспринята им ДО его спиритуализации, ДО того, как человек обрел власть и стал способен подчинить материальное духовному. К ошибке приводит некое преждевременное, чересчур поспешное отождествление. Так святой *Климент Александрийский* усматривает первородный грех в том факте, что «наши прародители посягнули на произрождение ДО срока». По существу своему хорошая, животная природа, в силу извращения иерархии ценностей, теперь обуславливает ущербное бытие человека. По словам святого *Максима Исповедника*, «нет ничего дурного в самих вещах, есть только дурное пользование ими, проистекающее из духовного беспорядка». *Дидим Слепой* говорит: «Дурно не желание само по себе, но лишь известного рода желание (вожделение)». Святой *Василий Великий* учит нас, что повреждена самая аксиологическая способность выносить оценку, утрачен дух различения. «Вне Бога, – говорит святой *Григорий Палама*, – рассудок принимает образ зверя и демонов и, удалившись от своей природы, желает того, что ему чуждо».

Аскеза стремится к истинной природе, к «страсти бесстрастной»; аскет никогда не борется с плотью, но с извращениями последней, незаконным вожделением, которое ПРОТИВОРЕЧИТ ПРИРОДЕ. Отравлен именно источник, духовное начало, ибо онтологическая норма нарушена духом.

Для святого *Григория Паламы* страсти, проистекающие из природы, наименее страшны, поскольку они являются выражением тяжести материи, которая стала ей свойственной, когда не удалось ее одухотворить. Источник зла – в раздвоении сердца, в котором зло и добро странным образом уживаются; по выражению святого *Григория Паламы*, сердце – «судилище, где выносятся справедливые и несправедливые приговоры». Будучи «образом Божиим», человек непрестанно устремляется к абсолютному, однако вне Христа ему невозможно осуществить «подобие», грех извращает целенаправленность души, и она принимается искать абсолютное в идолах, начинает утолять свою жажду теми или иными миражами, будучи уже не в силах вознестись к Богу. Благодать, оказавшаяся в потенциальном состоянии, по словам Филарета, митрополита Московского, остановленная в своем излиянии, может коснуться человека только сверхъестественным путем, сверхъестественным не относительно его истинной природы, но относительно болезненного, греховного состояния, в котором он теперь находится. Человек пребывал в истине до того, как он испытал раздвоение, истина снова обретает силу и господство над ним, как только он становится перед лицом Иисуса Христа. Видение «низшей» природы должно быть восполнено видением природы «высшей», которое обнаруживает, что грех, как и всякое отрицание, – нечто вторичное. Никакое зло никогда не сможет упразднить первоначальную тайну человека, потому что ничто в мире не может стереть лежащую на нем неизгладимую печать Божию.

Святые отцы в своих творениях подчеркивают, в чем состояло первичное предназначение человека. Святой *Григорий Назианзин* говорит: «Христос восстановил целостность нашего естества» – потому что Он являет нам образ (Архетип) нашего подлинного существа, и наоборот, живя во Христе, мы постепенно уподобляемся Ему. Таинства восстанавливают в человеке его первозданную природу, его адамическую целостность; Дух Святой вновь даруется нам в посвящении, каким является крещение, и в миропомазании. Покаяние – это лечебное воздействие, очищающее человека, а Таинство Евхаристии вносит в его существо закваску бессмертия и нетления. Даже возможность воскресения сообщается человеческой природе. Можно сказать, что аскетическая и мистическая жизнь – это все более глубокое и полное осознание жизни сакраментальной. Классическое изображение жизни аскета-мистика – как некоего мистического брака – доказывает ее единоприродность с таинством как таковым.

ЛИТУРГИЧЕСКОЕ ПРИЗВАНИЕ ЧЕЛОВЕКА

В литургии св. *Иоанна Златоуста* слова Херувимской песни: «Иже Херувимы тайно образующем (мы, которые таинственно *изображаем* Херувимов) показывают, что человек – икона, изображающая ангельское служение, выражающееся в поклонении и молитве. Вместе с тем этот момент вступления Ангелов в литургическое действо. Человек сперва приобщается к их хору в пении «Трисвятого»: «Святый Боже, Святый Крепкий, Святый Бессмертный», а затем песнопение «Святого» выражает сущность Приношения, евхаристическое восхваление Святой Троицы. Люди и Ангелы соединяются в едином порыве благоговейного восхваления: «Свят, Свят, Свят, Господь Саваоф (Господь воинств), исполнь небо и земля славы Твоея». Уже в этом мире полагается начало жизни будущего века, «исполненного славой».

Святой отнюдь не сверхчеловек, но тот, кто обретает и осуществляет в жизни свою правду как *существо литургическое.* Наилучшее определение человека мы встречаем в чине литургии: человеческое существо – это человек, воспевающий «Трисвятое» и «Святое»: «Пою Богу моему до́ндеже есмь» (доколе существую). Святой Антоний повествует о враче, который ежедневно раздавал бедным все свои излишки и целый день воспевал

«Трисвятое», соединяясь с хором Ангелов. Именно благодаря такому «действию» человек «становится иным», обретает святость. Воспевание Бога – его единственная забота, его единственный «труд». *И голос от престола исшел, говорящий: хвалите Бога нашего все рабы Его* (*Апок.19:5*). В катакомбах чаще всего встречается изображение молящейся женщины, «оранты», она символизирует собой подлинное состояние человеческой души. Недостаточно ИМЕТЬ молитву, надлежит стать, БЫТЬ молитвой. Молитвой воплощенной. Недостаточно лишь в какие-то минуты предаваться восхвалению, надлежит, чтобы вся жизнь, всякий поступок, всякий жест, вплоть до человеческой улыбки, стали песнью хваления, приношением, молитвой. Приносить Богу не то, что мы имеем, но все наше существо. Это излюбленная тема иконографии, в которой раскрывается евангельский завет: «хаире» – «радуйтесь и веселитесь», «всякое дыхание да хвалит Господа». Земной мир чудесным образом теряет свой вес, и исчезает тяжесть человеческой плоти. Царь царствующих, Христос приходит, и это и есть «единое на потребу». Заключительное славословие молитвы Господней: «царство, сила и слава» есть сущность литургии. Дабы осуществить свое призвание и быть существом литургическим, человек становится харизматиком, носителем даров Духа Святого, Самого Духа Святого: «Вы... запечатлены обетованным Святым Духом... вы, которые избраны были Богом... в похвалу славы Его» (*Ефес.1:13*–14). Невозможно точнее передать сущность и литургическое назначение человека.

Святоотеческая мысль постоянно сосредотачивается на «опус Деи», литургии. «Я иду вперед, воспевая Тебя!» – радостно восклицает святой *Иоанн Лествичник*. Та же радость звучит в крылатых словах святого *Григория Назианзина*: «Слава Твоя, о Христос, в человеке, которого Ты соделал подобным Ангелу и певцом, восхваляющим лучезарную славу Твою... для Тебя я живу, говорю и пою... и это единственно, что я могу принести Тебе в дар из всего, чем я владею». Так же высказывается святой *Григорий Палама*: «Просветленный человек достигает вечных вершин... и еще здесь на земле становится живым чудом. И даже не будучи на небе, он соучаствует с небесными силами в непрестанном песнопении; уподобляясь на земле Ангелу, он ПРИВОДИТ К БОГУ ВСЯКУЮ ТВАРЬ». *Церковь* можно уподобить мистагогу древних мистерий: она вводит человека благодатно в свое чудо, она предлагает всем: «Соединенные в храме Твоем мы уже созерцаем самих себя в свете твоей небесной славы». Самая совершенная евангелизация мира, самое убедительное свидетельство христианской веры осуществляется и дается в этом всеобъемлющем литургическом песнопении, в славословии, поднимающемся из недр земли и пронизанном могущественным дыханием Параклета, Который один обращает и исцеляет».

БРАК И МОНАШЕСКОЕ СОСТОЯНИЕ

ЕДИНОЕ АБСОЛЮТНОЕ

В одной из молитв при совершении Таинства брака высказывается такая просьба: «Даруй рабам Твоим целомудрие и взаимную любовь в союзе мира».

Супружеское целомудрие и монашеская девственность взаимно противостоят и взывают друг к другу в своей видимой антиномичности. Между тем, к каждому из этих двух путей приложимы слова Господа: «Имеющий уши слышать да слышит!» – и это ставит и то и другое на уровень той же самой аскезы абсолютного.

Нет никаких оснований, кроме соображений педагогического характера при руководстве массами, считать тот или другой путь по преимуществу христианским, ибо то, что представляет ценность для христианства в целом, тем самым представляет ценность и для любого из этих путей. На Востоке никогда не проявлялось различия между евангельскими предписаниями и советами. Все Евангелие в целом обращается ко всякому человеку. Каждый в том состоянии, в каком он находится, призван к абсолютности Евангелия; итак, напрасно было бы стараться установить превосходство одного состояния над другим, это означало бы предаваться абстрактным и в силу этого безличным спекуляциям. Отречение, имеющее место в обоих случаях, можно оценивать в зависимости от положительного содержания, какое вкладывает в него человек, – от силы его любви к Богу.

Святой апостол Павел в своем пастырском рвении стремится осуществить «нераздельное служение». Семейная (супружеская) община, которая является «домашней церковью», и община монастырская просвещают друг друга и помогают одна другой в том же самом служении. В учении Церкви никогда не упускалась из виду такого рода равновесия. Соборы и синоды защищали его против натисков манихейства и бесплотного спиритуализма. Гангрский Собор, состоявшийся около 340 года, осудил приверженцев ереси Евстафия, которые лишали состоящих в браке людей всякой надежды на спасение. Подвергая весьма суровому наказанию, вплоть до отлучения от Церкви, еретиков, презирающих брачные узы, Собор утверждал равновесие между различными аспектами той же самой тайны: «Мы восхваляем воздержание... подобным же образом мы почитаем целомудренные узы брака». А между тем даже в наши дни существует литература, отличающаяся поразительной наивностью, где все еще разглагольствуют, например, о супружеском «омнибусе» и о монашеском «экспрессе», непосредственно соединяющем землю с небом... И если каким- то чудом обнаруживается святость, то уж, конечно, «вопреки браку». При этом приводят избитый аргумент, ссылаясь на Апокалипсис (14:1–5), где в загадочных словах говорится о тех, «которые не осквернились с женщинами». Однако нет решительно никаких оснований утверждать, что в данном случае речь идет о физиологической девственности. *Церковь* решительно воспрещает рассматривать брачный союз как осквернение. Итак, имеется в виду отнюдь не брачное состояние, но осквернение тела во внебрачных связях или же просто наличие вожделения. Девственная чистота, о которой говорится в приведенном тексте, – дар Божий и духовный образ бытия. Всякое иное истолкование противоречило бы учению Церкви о чистоте супружеской жизни. Достаточно было бы задать вопрос, следует ли считать «оскверненным» апостола Петра, состоявшего в браке?

Как часто люди, обнаружив все величие любви, считают нужным удалиться от Церкви, приписывая ей некую извращенную апологию и упрощенное богословие. Между тем нет никакой необходимости, превознося одно из этих состояний, унижать другое. Исполненные мудростью святые отцы ясно высказываются: в чем состояла бы заслуга аскета, отказывающегося от супружеской жизни, если бы брачное состояние было ниже монашеского? При беспристрастном сравнении только ярче выступает достоинство одного из этих состояний в ослепительном свете другого. Святой *Иоанн Златоуст* настаивает на том, что те же самые евангельские заветы – о совершенстве по образу Отца Небесного и новая заповедь о любви, а также заповеди Блаженства относятся к каждому человеку: «Когда Христос заповедует следовать тесным путем, Он обращается не к одним только монахам, но ко всем людям. Подобным же образом он предписывает всем людям на свете возненавидеть собственную жизнь в мире сем. Откуда вытекает, что монах и мирянин должны достигать тех же самых высот, и если они падают, то так же тяжело разбиваются». И далее: «Вы жестоко заблуждаетесь, если полагаете, что одно требуется от мирян, а другое от монахов... И если некоторые смотрят на брак как на препятствие, та будет им известно, что не брак является для них препятствием, но свобода воли, которой они дурно пользуются в браке. Проявляйте целомудрие в браке, и вы будете первыми в Царстве Небесном и будете располагать всеми благами».

Целомудрие внутреннего порядка обуславливается духовным устроением. Таким образом многие грешницы становятся «мудрыми девами» (святая Мария Египетская, святая Пелагия); напротив, в синаксарии Великого Вторника, где дается толкование притчи о десяти девах, юродивые девы называются грешницами, ибо их физиологическая девственность не принесла им никакой пользы. Подобным же образом многие монахи, согрешающие в сердце своем, «утрачивают свою девственность», как говорит «Добротолюбие». Брачное состояние и состояние монашеское, – это два образа чистоты, соответствующие тому или другому образу существования, Ковентри Патмор, один из редких поэтов, воспевающих супружескую любовь, говорит о том же: «Они девственны перед Господом, те, чьи сердца чисты... огонь, охраняемый весталками, не угас в браке, но еще выше возносится его пламя; брак достоин горячей, вечно живой хвалы; и жизнь женатого человека, не изменяющего достоинству, пребывающему в сердце любви, – источник девственности».

Чистота означает, что человек всецело, безраздельно принадлежит Христу: брак души в непосредственном ее порыве у монаха; и брак, осуществляемый посредством супружеской ипостаси, у женатых людей. Наличие опосредствованности ни в коей мере не уменьшает ценность брачного союза. Супруги, постигшие эту истину, молятся: «Сделай так, Господи, чтобы, любя друг друга, мы любили Тебя Самого».

Если для Ницше «в истинной любви душа осеняет тело», то в харизматической супружеской любви Бог осеняет единое существо супругов. Святой *Иоанн Златоуст* поясняет это, говоря, что любовь, когда она соединяет супругов, дабы полнее соединить их с Богом, «имеет свое начало не в природе, но в Боге», и «что они уподобляются Иисусу Христу, Который, соединяясь со своей невестой, Церковью, пребывал в единении со Своим Отцом».

Бухарев, вдохновляясь словами святого *Иоанна Златоуста*, относит к состоящим в браке монашеские обеты: «сущность послушания, целомудрия и бедности, в подлинном смысле слова состоит в данном перед Богом и Церковью обете искать только того, что присуще Господу; Его воли, Его благодати и Его правды. Бедность не выражается в полной наготе, понимаемой в чувственном смысле (физиологическое понимание), но в пользовании, всецелодуховном и благодатном, всеми благами; целомудрие также состоит в безраздельной преданности Господу, Его благодати и правде. Вот почему человек становится супругом. Чтобы в супружеской любви принадлежать лишь Господу (обет целомудрия), быть руководимым только Господом (обет послушания) и прибегать за помощью к одному Господу (обет бедности)».

В браке изменяется самая природа человека, подобно тому, как она изменяется в другом роде, когда он принимает постриг. Оба эти состояния внутренне связаны глубочайшим родством. Взаимные обеты, какие дают жених и невеста, в некотором роде делают их причастными особого рода монашескому, состоянию, потому что и в этом случае человек умирает для прошлого и рождается в новую жизнь. Между прочим, в чине пострижения в монашеские ордена встречается символизм брака (невеста, супруга), и в древнем чине бракосочетания имело место монашеское пострижение, означавшее всецелый отказ от своей воли жениха и невесты и принятие ими воли Господней. Таким образом, брак в своей духовной глубине включает монашеское состояние, и вот почему последнее не является таинством. Они совпадают как два аспекта одной и той же реальности, а именно девственности духа человеческого. Древняя традиция рассматривала время жениховства как монастырское послушничество, и требовала, чтобы новобрачные, после совершения таинства брака, тотчас же удалялись в монастырь, чтобы подготовиться ко вступлению в члены «супружеского священства». Монастырская атмосфера, столь глубоко родственная, хотя бы по характеру своей символики, атмосфера брака, сообщает еще большую лучезарность свадебной радости.

ПРИЗЫВ

Проявляющаяся в различных областях развращенность человеческого рода тяжело сказалась на браке. Всякого рода пошлости и измены наложили на него отпечаток, и он превратился в комичную карикатуру, впитав в себя все самое тривиальное и отталкивающее, что только встречается в обществе. На площадях и на театральных подмостках жадная до соблазнительных зрелищ толпа сорвала и растерзала брачную фату. Нелегко совершать апологию брака, гораздо легче его презирать и восхвалить одиночество или безбрачие. Известного толка романтики всегда будут превозносить потрясающий героизм и создавать поэтические картины. Если смотреть извне на супружескую жизнь, то она представляется лишенной всякой красоты, не имеющей ничего возвышенного и по самому своему существу прозаической. Отдаленная звезда отшельников всегда поражала взор людей, которым нужен маяк. Опасно было восхвалять любовь еще до возрождения падшего человека. Только в силу реакции ленивого раба произошел такой глубокий разрыв, что языческая эротика нашла свое прямое выражение в узаконенном презрении к браку. В наши дни учреждения тысячелетней давности, архаические воззрения рушатся и рассеиваются с поразительной быстротой. Цивилизация, носящая чересчур мужской характер, завела мир на край бездны. Мир, превозносящий мужское начало как непреложный образец, и противоположный ему миф, восхваляющий эмансипированную женщину – амазонку, заводят людей в тупики. «Безбожный» мир – это прежде всего мир, лишенный Святой Девы и материнского священства женщины. В этой пустоте пророчески звучат слова Ницше, обращенные к женщинам. «Ваша честь заключается в вашей любви; всегда любить горячее, чем вас любят, быть всегда первыми в любви...» В борьбе между религией и материализмом, разыгрывающейся в Советском государстве, чаша весов склонилась на сторону религии, потому что на нее всем своим весом легла хрупкая женственность – и религия одержала победу. Присущая женщинам специфическая гениальность сказалась в религиозной области. Покрывало, символ тайны, окружает «малую тропу» раб Господних; сжигаемые своим «фиат», женщины – это «улыбка Божия», спасающая мир.

Быть может наступил момент утвердить всю полноту значения брака, выявить его благодатное состояние и освободить сознание супругов от навязанных ему комплексов. Истинный монах порадуется этому, ибо он больше кого – либо другого способен познать подлинную ценность брака. Путь брака – тесный путь, быть может, самый тесный, поскольку приходится идти по нему двоим.

Обрисованный в Евангелии тип Марфы обычно воспринимается как тип замужней женщины. Однако ни тип Марфы, ни тип Марии не помогает разрешить жизненные конфликты. Обе они несколько стилизованы как образы тезиса и антитезиса. Тип Марии, взятый во всей ее абсолютности, не является жизненным в условиях мира сего. Тип Марфы даже не привлекателен. Охватывая в целом этот диптих (в котором Марфа в некотором роде принесена в жертву), можно усмотреть, насколько оба эти типа взаимно дополняют, образуя единое лицо

Марфы – Марии. Жить в мире сем, вдыхать его отравленный воздух и каждую минуту своей жизни обретать Христа; не выходя из мира, пребывать у ног Господа; одновременно нести обязанности в отношении Бога и в отношении мира.

Брак начинается с радости, но, как на свадьбе в Кане Галилейской, «время еще не пришло» (*Ин.2:4*). Чин бракосочетания символически объемлет всю супружескую жизнь. Жених и невеста уже украшены кольцами, уже удостоились венцов и пьют из единой чаши жизни. Но смысл этой чаши, символизирующей полноту, они постигнут только когда настанет вечер их жизни и на нее падет тень их венцов. Это длительное и постепенное рождение. Леон Блуа в этом случае сказал бы о тайных областях нашего сердца, которые еще не существуют, но раскроются благодаря страданиям. Чтобы быть любимым другим, надлежит до конца отречься от себя. Это путь глубокой и непрестанной аскезы. Венцы жениха и невесты становятся мученическими венцами. Между тем, по словам Таулера, «одни принимают мученичество только один раз, подвергаясь удару меча, другие познают мученичество любви, удостаиваясь внутреннего венца», незримого для мира. Это и есть «кеноза», свойственная супружеской жизни, героизм которой таится под покровом обыденности. Иные, достигшие зрелости брачные союзы, как говорит Рильке, вызывают образ деревьев, чьи ветви являются «корнями, пьющими небеса»; общая чаша нежности «сакрифициум веспиртинум» (жертва вечерняя) дает прозреть «полюсы брачной жизни, вокруг которых вращаются сферы небесные» (Ковентри Патмор). Когда эрос сбрасывает одежды, в которые его облекла толпа, в нем просвечивает образ Суламифи, взывающем вместе с Духом: «Гряди, Господи!» (От.22:20).

* * *

Для постороннего и поверхностного наблюдателя брак означает сладострастие, а монашеское состояние – физиологическую аномалию. Средний человек, проникнутый буржуазным духом, не располагает досугом и не имеет склонности уделить внимание девственности, и в то же время он слишком хорошо знает самого себя, чтобы в глубине души не презирать свое собственное брачное состояние.

Нужно возвыситься умом до сферы абсолютного, чтобы охватить все духовное значение этих двух состоянии. Одна высота может быть подлинно постигнута только другой высотой, и вершина встает все выше, по мере того как восходят на соседнюю вершину.

Истинный монах понимает качественную разницу между браком и невоздержанием; и наоборот, человек, находящийся в состоянии истинного брака, может понять качественную разницу между монашеской девственностью и безбрачием, по поводу которого святой апостол Павел сказал: «лучше вступить в брак, нежели разжигаться» (*1Кор.7:9*); в каждом из этих двух случаев идет речь не о физиологическом отличии, но о различии между благодатью и грехом.

Христианская жизнь харизматична, это значит, что она исполнена служения, «диакониа»; в ней нет места господству, власти, превосходству. В мире все обстоит по другому: «между вами да не будет всем слугою», и «кто умалится, как это дитя, велик будет в Царстве Небесном». Об этом свидетельствует епископат, и он весьма возвеличен в следующих прекрасных словах: «Мы не господа нашей веры, мы служители вашей радости».

Если призвание и духовные дарования различны, то все человеческие существа равны в том отношении, что все они созданы, все грешники и равно бессильны своими собственными силами войти в Царство Божие. Они также равны в том смысле, что чувствуют обращенный к ним призыв, а также в том, что всем им свойственна единая «печаль о том, что они не святые» (Леон Блуа «Бедная женщина»). Подлинное величие человека состоит не в том, что он представляет собою то–то или то–то, но в том, что он осуществляет свою собственную меру, положенную ему Богом.

Если человеком овладевают колебания при выборе того или иного пути, то его выбор может определить не путь как таковой, но чувство признания и дарования. «Взыскуйте Духа Святого, поститесь, молитесь, раздавайте милостыню, и пусть каждый сам найдет, что ему надлежит совершить». Святой апостол Павел учит тому же самому: «Пусть каждый идет согласно части, уготованной ему Господом, согласно призванию, полученному им от Бога», ибо «каждый получает от Бога особый дар, один такой, другой – иной» (*1Кор.12:4–14*).

Мы узнаем из «Житий святых», что когда святой *Макарий Египетский*, великий аскет жил в пустыне, ему явился Ангел и велел ему следовать за ним до отдаленного города. Когда они туда прибыли, Ангел ввел его в бедную хижину, где обретала смиренная семья. Он показал Макарию супругу и мать этого семейства, сказав ему, что она достигла святости, живя в мире и совершенном согласии с первого дня своего замужества, и среди бесчисленных повседневных забот вместе со всеми членами семьи сохраняя чистоту сердца, великое смирение и пламенную любовь к Богу. И святой Макарий стал молить Бога, чтобы по Его милости ему жить в пустыне так, как жила эта женщина в миру.

Этот рассказ отнюдь не имеет целью противопоставить монашескую жизнь жизни в миру, или как-то их классифицировать, но он показывает положительное значение всякого рода существования, его благодатное состояние.

Святой Пафнутий перед кончиной поведал обо всем, что ему открыл Бог; он сказал своим ученикам, «что в этом мире не следует никого презирать, даже людей, пребывающих в браке, потому что нет таких условий в жизни сей, в которых не встречались бы души, верные Богу, которые втайне совершают угодные Ему дела. Из этого видно, что Богу угодно не занятие того или иного человека, не то, что кажется совершенным в его образе жизни, но искренность и расположение духа».

Святость монашеская и святость супружеская – два склона горы Фавор. При восхождении по тому и другому склону преследуется единая цель – Дух Святой. Те, которые достигают вершины, следуя тем или другим путем, входят «в покой Божий, в радость Господа», и там оба этих пути, представляющихся противоречивыми человеческому рассудку, внутренне объединяются, становятся мистически тождественными.

Мы уже убедились, что лучший и, быть может, единственный способ углубить ценность, присущую браку, – это охватить величие и значение монашества. Именно в его свете и в духе его поучений мы сможем глубже понять призвание супругов.

МОНАШЕСТВО

Первое имя, которое приходит на ум, это имя святого Антония, отца монашества (род. в Египте, жил в 250 – 300 гг.). Еще в годы юности внимание его привлекли слова Господа: «Если хочешь быть совершенным, пойди, продай имение твое и раздай нищим; и будешь иметь сокровище на небесах; и приходи и следуй за Мною» (*Мф.19:21*). Какие богатые смыслом слова: призыв к совершенству, полное отречение от себя, принесение себя в жертву, принесение в жертву всего своего существа и своей жизни; следовать нагим за нагим Христом, как говорят великие духоносные отцы; наконец эсхатологическое созерцание сокровища на небесах, жгучее томление по Царству Божьему.

Святой Антоний покидает мир, не так, как это делает мечтатель в погоне за неосуществимой мечтой, но под воздействием Святого Духа, и он углубляется в пустыню, совсем, как Иисус Христос после своего крещения. «Я увлеку ее, приведу ее в пустыню, и буду говорить к сердцу его» (*Ос.2:16*). Пророк Осия подчеркивает этими словами нечто весьма непосредственное, некую свободу, некую удивительную истинность в отношениях между Богом и человеком с простым сердцем. Весьма символично, что первые отцы в пустыне не хотели принимать правил из боязни подчинить закону ослепительную евангельскую свободу. Не давали они и никаких обетов, и только позднее, когда произошла неизбежная демократизация из-за притока человеческих толп, была введена единообразная дисциплина, дабы избегнуть злоупотреблений и для блага массы, «кви нон асцендит ад сублимиа» (которая не восходит на вершины).

Следующее имя – это имя святого Пахомия (253–346), молодого воина, обращенного в христианство в одной из общин. Благодаря военному прошлому и опыту жизни в общине он стал основателем первой регулярной монастырской общины. После его кончины его ученики впервые ввели монашеские обеты.

Святой *Василий Великий* (329–379) всецело отдает предпочтение «киновийной» монашеской жизни в организованной общине. При этом соблюдаются такие условия:

1. Общность имущества по образу апостольских общин.
2. Соревнование в делах милосердия.
3. Бедность как средство для достижения духовной свободы.

Святой *Василий Великий* разработал монашеские правила. (Его «Моралиа» составлены из изречений Священного Писания, сгруппированных в главы; ясно, с какой целью это сделано: следовать шаг за шагом за Господом, осуществляя Его учение).

Следует отметить одну знаменательную особенность: монастырские общины находились под руководством аввы (отца) – нередко это был простой монах, которого монахи сами избирали. В этом сказывается, по существу, харизматический характер монашества, функция которого не связана ни с какой священнической функцией. Священники как таковые почти не играют роли в чисто монашеской жизни, они только совершают Таинства.

* * *

В историческом плане возникновение монашества объясняется прежде всего самым решительным протестом против зла и его царства в мире сем и категорическим «нет» всякому компромиссу, всякому соглашательству. В своем рвении, всецело вдохновленным Евангелием, монашество отвергало неотчетливые, двусмысленные формы, бытующие в мире, и стремилось к основанию града монахов за пределами мира сего. Томление по Царству Божьему приводило к отвержению чересчур человеческого образа мыслей и жизни, господствовавшего в империи, быть может, слишком рано названной «Христианской».

Во–вторых, следует отметить, что во времена гонений проявление максимализма в христианской вере, свидетельство о ней, вонзавшееся словно заноза в плоть мира сего, осуществить выпало мученикам, которых *Церковь* чтит как свое сердце и называет «уязвленными любовью Христовой». Мученик проповедует Христа, становясь «зрелищем» для Бога, Ангелов и людей и живым потрясающим символом всецелой верности Господу. *Ориген* бросил весьма жесткие для всех нас слова, говоря, что мирные времена благоприятствуют сатане, который похищает у Христа его мучеников и у Церкви – ее славу. В душе мученика совершенно особым образом пребывает Христос, поскольку он становится живым подобием распятого Христа. «Можете ли вы пить чашу, которую Я пью?» – спрашивает Господь апостолов. Апостолы выпьют ее в свое время. Эти слова означают, что мученик в своей жизни воплощает евхаристическую Чашу. Как утверждает древнее предание, всякий мученик, после своей кончины следует путем разбойника, распятого по правую руку Господа, и тотчас же входит в Царство Небесное.

Конкордат *Константина Великого* вводит *Церковь* в историю и дает ей законный статус, обеспечивая «мирное» существование под охраной государства и законов. С этого времени свидетельство, которым мученики утверждали «единое на потребу» и высокую цель существования, переходит к монахам и преобразуется в харизматическое служение, проникнутое эсхатологическим максимализмом. Монашеское состояние начинают рассматривать как второе крещение. Таким образом «крещение аскезой» заступает место «крещению кровью» мучеников.

* * *

В знаменитой «Жизни святого Антония», написанной святым *Афанасием Великим*, говорится, что «он первый достиг святости, не вкусив мученичества».

Тот, кто отвечает на евангельский призыв к совершенству, становится равным апостолам, уточняет святой *Симеон Богослов*; он может, подобно святому евангелисту Иоанну, обратиться к людям и поведать им о том, что он видел в Боге. Он может и должен это совершить. Он даже не может поступить по–другому. Монах – по преимуществу свидетель о последних вещах, апостол, проповедующий евангельское совершенство. Наводящая ужас Фиваида, колыбель стольких гигантов духа, бесплодная, выжженная пустыня, озарена их светом. Эти достойные удивления учителя, владеющие экспериментальной наукой, обучали столь утонченному искусству жить согласно абсолютным ценностям евангелия. В безмолвии келий, в школе этих мудрецов, «непосредственно наставленных Богом», медленно совершалось рождение новой твари. Можно сказать, что по крайней мере здесь, вдали от компромиссов мира сего, удалось осуществить эту «метанойу» (покаяние), о которой говорится в Евангелии, полный переворот в устремлении человеческого существа, эту метаморфозу второго рождения. Можно ли это рассматривать как непреложное противодействие пустыни – Империи? Если угодно, можно видеть в этом противодействие, разительный контраст, но отнюдь не разрыв. Два пути, два образа существования – в мире и вне мира, можно воспринимать как взаимно дополняющие; в идеале они кульминируют в единой реальности, причем оправдывают друг друга, дабы осуществить ту полноту, которой было чревато воплощение сына Божьего. Монахи покидают мир сей, чтоб тут же благословлять его в пустыне и держать его в непрестанной молитве. Именно в максимализме веры монахов мир сей обретает свою меру, подлинное свое мерило, «канон существования», соль, которая уничтожает пресность. Благодаря своему устремлению к невозможному монашество спасает мир от самого опасного самодовольства (аутопистия – вера в себя, ауторитмия – самоудовлетворенность, аутолатрия– самопоклонение). В образовании типа христианина, который резко отличается от всяких социологических типов, в непреложной новизне нового человека, монашеский аскетизм сыграл решающую воспитательную роль. Его молитвенный дух и благоговение, его дар различения духов, его культура духовного внимания, его стратегия в «невидимой брани» с демоническими силами, его знание человеческого сердца и умение подчинить материальное духовному достигают поразительной степени совершенства и становятся зерцалом совести, к которому приходит мир, чтобы смотреться в него и осуждать себя. Но этот путь был пересечен безднами. Надлежало преодолеть в себе столь легко возникающее презрение к человеческой природе и, исходя из аскезы, восстановить в их достоинстве материю, тело, подлежащее воскресению. В противоположность ходячему пониманию, монах отнюдь не обедняет свое существо, но расширяет его, и поистине существует по образу Сущего... чрезвычайно важно уяснить себе, что аскеза отнюдь не «философия добродетелей», и еще того менее «система добродетелей», но опытное приобщение, непрестанная причастность «совершенно иному». Вот почему преподобный *Иоанн Лествичник* постоянно показывает, что монаху свойственна неустанная любовь к Богу, Которого надлежит любить, как жених любит свою невесту. По словам его учеников, он сам, «пламенея Божественной любовью, был непрестанной молитвой, несказанной любовью к Богу». «Никакая аскеза, никакая наука, лишенная любви, не приближает к Богу», – не устают говорить отцы пустыни. Во всяком случае истинное монашество никогда не ведет к изоляции, потому что, согласно святому *Максиму Исповеднику*, его задача состоит не только в том, чтобы соединить человека со Святой Троицей, но и в том, чтобы осуществлять на опыте Ее истину в человеческой природе среди людей.

Словам: «Если хочешь быть совершенным, иди, продай все, что имеешь» монахи придавали такой смысл: «Продай самого себя». Это целостное принесение в жертву всего своего существа. Отдав все, что он имеет, человек предлагает Богу самого себя. Это и есть Евангельское «единое на потребу», благодаря которому монахи становятся теми, которые «силою берут Царство Божие» и становятся свидетелями последних тайн, еще на земле переживающими «малое воскресение». Вот почему в эпоху святых отцов апостольство не приписывалось только специальным проповедникам; выражение «муж апостольский» обозначало харизматика, который, внимая Божьему призыву, легко осуществлял обеты, о которых идет речь у святого евангелиста Марка (15:17–18).

Человек ниспал ниже самого себя; монашеская аскеза поднимает его над самим собой и возвращает ему человеческое достоинство, вознося его на головокружительную высоту и делая его новой тварью во Христе Иисусе. Это и есть чудо на браке в Кане Галилейской, классический образ преображения человеческого существа, это – «метанойа», второе рождение, вполне реальная смерть и еще более реальное воскресение. «Теперь все новое!» – восклицает святой апостол Павел. *Николай Кавасила* говорит по поводу обнажения в крещении: «Человек идет к истинному свету, ничего не неся в себе... мы сбрасываем кожаную тунику, чтобы возвратиться назад и облечься в царственное одеяние... вода Крещения уничтожает одну жизнь и порождает другую».

Святой *Григорий Нисский* говорит об ином человечестве: для него человек, который не движим Святым духом, не является человеческим существом. Величайшее значение монашества состоит именно в этом динамизме, в этом могучем порыве и в этом максимализме, при которых человек стремится к высшему, к тому безумию, о котором говорит святой апостол Павел. Если здравый смысл говорит: «Бог не требует так много», монашество возвещает: «Урби ет орби»: «Бог грозен в ревности Своей, Он требует отдачи всего, без остатка».

Что же это, титанизм, основанный на действии естественных сил? Повторяю еще раз: при наличии такого количества недоразумений, следует обратиться к источникам. В понимании аскетов «добродетели» не что иное, как присущий человеку динамизм, вдохновленный присутствием Божьим. Святые отцы приводят различие между свободой, или свободой выбора, относящейся к НАМЕРЕНИЮ, и свободой, относящейся к поступкам. Они утверждают свободу желания спасения, исцеления и предоставляют всецело Богу осуществить это спасение.

Во всяком случае и в известной мере это желание уже обладает действенной силой, потому что оно отвечает желанию Бога спасти всех и таким образом привлекает благодать. «Верую, Господи, помоги моему неверию». На всякий вздох, на всякий порыв человека, стремящегося превзойти самого себя, отвечает благодать, носящая его. Именно таков смысл слов святого *Максима Исповедника*: «У человека два крыла – свобода и благодать». Благодать по своему существу произрождает человеческое «фиат», но она даруется лишь когда мы всецело приносим себя в жертву. «Это Бог вкладывает в сердце человека добродетели», но на долю человека выпадают труд и пот».

Можно сказать парадоксально: Бог трудится, а человек проливает пот. Нет речи ни о каком «богоугодном деле», но всегда имеет место человеческое делание внутри Божьего делания, и это точная формула синергии. Не может быть речи ни о какой награде. «Бог наш Создатель и Спаситель. Он не измеряет и не взвешивает наши дела, определяя их цену» (Марк Отшельник). «Если бы Бог взирал на заслуги, тогда никто не вошел бы в Царство Божие». «Бог все совершает в нас, даруя нам добродетель, познание, победу, мудрость, доброту и истину», – ясно говорит святой *Максим Исповедник*; однако истина всегда антиномична, парадоксальна. Дело в том, что душа устремлена не к СПАСЕНИЮ (в смысле индивидуального спасения), но к тому ответу, который Бог ждет от человека. В центре великой драмы библейского Бога (Который не вполне тождествен Богу богословов, ибо невозможно ограничить Бога какой-либо доктриной), находится не одно только взаимодействие между милостью и грехом, между судией и виновным, но главным образом и в основном ВОПЛОЩЕНИЕ: встреча и соединение нисходящей любви Бога и восходящей любви человека. Если нужно что–нибудь спасти в мире, то прежде всего эту любовь, которую Бог первым оказал человеку, эту любовь, которая превосходит нас, изумляет нас и потрясает; в литургических текстах ей дается имя, уже исполненное благодати: БОГ ЧЕЛОВЕКОЛЮБЕЦ.

* * *

В противоположность всякой романтической чувствительности, всякой «внутренней музыке» и всякому психологизму, аскетическая жизнь отличается трезвостью и лишена всякой сентиментальности: всякое здоровое чувство подвергается строгому исследованию. Устраняется всякое явление, воспринимаемое зрением или слухом, исключается всякая эмоциональность: «Если тебе появится ангел, отвергни это видение, смирись и скажи: я недостоин его видеть». И сатане, принявшему образ Христа, монах заявляет: «Я не хочу видеть Христа здесь, но в ином месте, в будущем веке». «Не старайся различить во время молитвы какой-либо образ или фигуру», – говорит святой *Нил Синайский*. Метод аскезы – это интериоризация духовной жизни, ожидающая Божественного вселения в том смысле, какой мы встречаем у святого евангелиста Иоанна: «Мы придем к нему и обитель у него сотворим» (*Ин.14:23*). Бог ближе человеку, чем он сам себе. Для крещеного Христос – внутреннее событие в его бытии. Не упраздняя бездны между Творцом и тварью, Божественное существо заполняет ее Своим присутствием, Свей незримой, но опаляющей близостью: «Если ты чист, небо в тебе, внутри себя ты узришь свет, Ангелов и Самого Господа». Всевышний и Сущий искони после воплощения Сына Божьего приходит обитать в сердце человека.

Итак, монашеская жизнь вся целиком объясняется жаждой Бога. Если мы хотим ее определить, мы можем сказать, что она выражает собой степень глубины этого желания и этой жажды Бога. Вот почему смирение прежде всего – сила, которая утверждает ось нашей жизни в Боге и в корне уничтожает всякий дух злобы или эгоцентризма. Вместе с тем смирение – это искусство находить присущее тебе место; Евангелие дает нам два образа: образ друга Жениха и образ Рабы Господней.

В невидимой брани, которую ведут аскеты, их внимание сосредоточено на духовном источнике зла. Грех происходит не снизу, но сверху, из духовной области, от падшего архангела. Вот почему аскеза – это прежде всего господство духовного над материальным и над психическим, господство, ничего не уничтожающее. Аскетическая культура достигает совершенного равновесия, она никогда не сводится к простому уничтожению страстей, но приводит к их исцелению и преображению. Истинный аскет – это человек, страстно влюбленный в Бога и в Его творение.

Если смотреть на аскетизм снизу, он предстанет как непрерывная борьба. Если взирать на него сверху, он воспримется как постепенное просветление человеческого существа, его «пневматизация» (всепрощающее дуновение) энергиями Святого Духа: «Приди и вселися в ны и очисти ны от всякия скверны», – молится *Церковь*.

Аскет начинает с лицезрения своей собственной человеческой реальности, ибо «никто не может познать Бога, если он сперва не познал самого себя». «Тот, кто увидел свой грех, больше того, кто воскрешает мертвых», и «Тот, кто увидел самого себя, больше того, кто видел Ангелов». Таким образом, аскеза начинается с совершенного познания повреждений, причиненных злом душе человеческой, и представляет собой своего рода аскетический скафандр, позволяющий спуститься в глубину и исследовать бездны, населенные чудовищами. (В наше время психиатры и психологи проявляют большой интерес к писаниям аскетов).

Сделав этот опасный «моментальный снимок» со своей собственной бездны, душа устремляется к Божественному милосердию. «Из бездны моих беззаконий я взываю к бездне Твоей милости». Подъем совершается постепенно. Зная, что «подражание» Христу невозможно, монах не задается этой целью, но внутренне следует за Господом: «Чистота сердца – это любовь слабых, которые падают». Душа расширяется, расцветает космическим милосердием и отвергает всякий суд: «Тот, кто очищен, видит душу своего ближнего», и «никто не представляется ему нечистым»; «Если ты видишь, что твой брат совершает грех, набрось на его плечи покров твоей любви». Это переход страха в любовь: «Совершенный отбрасывает страх, презирает награды и любит от всего сердца». «Что такое сердце милосердное? – спрашивает святой Исаак Сириянин. – Это сердце, которое воспламеняется милосердием ко всему творению, к людям, к птицам, к животным, к демонам. Движимое бесконечным состраданием, оно молится даже за пресмыкающихся». На таком уровне уже не нужно познавать Бога: «Познание становится любовью», – говорит святой *Григорий Нисский*. «Любовь – это Бог, Который пускает стрелу, Его Единородный (единственный) увлажняет три оконечности стрелы Животворящим Духом и ее острие – это вера, которая вводит не только стрелу, но вместе с нею и Стрелка». Бог проходит в душу, и душа переселяется в Бога.

МОНАШЕСКИЙ АСКЕТИЗМ ВСЯКОГО ВЕРУЮЩЕГО

После своего появления монашество стало неотъемлемой частью Церкви, потому что оно выражает общечеловеческую духовную норму, нормативную ценность ДЛЯ КАЖДОГО верующего. Монахи «ведут апостольскую жизнь, согласно Евангелию»; монахи – это «те, которые хотят быть спасенными», которые принимают всерьез призыв к «единому на потребу», который мы слышим в Евангелии, и поэтому «во всех отношениях оказывают насилие над собой» (святой *Нил Синайский*). Итак остается только сделать доступным это основное устремление для всех и каждого, в любых условиях.

Согласно 133-й новелле Юстиниана «монашеская жизнь – вещь священная». Аскеза – это не система, заключающая в себе просто правила морали, но предполагает духовные упражнения, привлекающие харизмы и предлагаемые всякому христианину для руководства ими в жизни, – уточняет святой *Кирилл Иерусалимский*; святой *Василий Великий* в своих «Правилах» уподобляет монахов тем, которые, по словам Евангелия, «силою берут Царство Небесное» и таким образом осуществляют максимализм в христианской жизни.

Однако, лишь признавая и переживая свое полное природное бессилие и принося свою падшую природу свободно и радостно в дар Богу, аскет ищет и встречает Его. В разработанных приемах аскетической борьбы в центре стоит эта восприимчивость и открытость: «Се, стою у двери и стучу: если кто услышит голос Мой и отворит дверь, войду к нему и буду ВЕЧЕРЯТЬ с ним, и он со Мною» (*Апок.3:20*). Этот текст, говорящий о вдохновенности подлинно евхаристического характера, вполне приложим к литургии или интериоризированной Евхаристии, к непрестанной приобщенности. Как утверждают великие мистики, христианин – жалкое существо, нищий, молящий о благодати, однако он обнаруживает, что есть Некто, еще более достойный сожаления, еще более обездоленный нищий, – и это Сам Бог, стучащий в дверь сердца и молящий о любви. В таком случае, христианин – это тот, кто внемлет Его голосу и открывает дверь, и вечеря двух бедняков расцветает пиршеством в Царстве Божием.

Душа обретает в полноте свою реальность, только превосходя самое себя и устремляясь к другому, и уже более не принадлежа себе. Достигая смирения и послушания, мы принимаем образ Христа распятого, послушного воле Отца, и при этом мы решительно уклоняемся от присваивания себе благодати и Святого Духа. Представители течения, отвергающего созерцание, противопоставляют эрос «агапе», и смешивают углубленность во внутреннюю жизнь с эгоцентризмом. А между тем святой *Григорий Нисский* говорит, что эрос раскрывается как «агапе»; и как любовь к ближнему, он представляет собой «высшую степень» «агапе». Если бы существовала одна «агапе», то невозможна была бы ответная Божественная любовь и встреча двух субъектов. Святые отцы считают «агапе» и эрос двумя соотносительными выражениями Божественной любви. Эрос – это иррациональное, экстатическое обнаружение «агапе». Для святого *Максима Исповедника* – Христос – это распятый эрос. «Бог порождает «агапе» и «эрос», они взаимно дополняют, эрос, движимый Святым Духом, устремляется навстречу Божественной «агапе». Это позволяет святому *Максиму Исповеднику* сказать, что жизнь христиан, живущих в миру, эквивалентна жизни монашеской: монахам дано пребывать в созерцании, активным мирянам – непрестанно чувствовать незримую близость Божию. Впрочем, на вопрос: «Что предпочтительнее, дела или созерцание?» – преподобный *Серафим Саровский* отвечает: *«Стяжи дух мирен, и тысячи спасутся вокруг тебя».* Но именно *Николаю Кавасиле* (мирянину и великому литургисту XIV века) принадлежит великая заслуга в том, что он придал универсальный характер монашескому духовному деланию и сделал его общественным достоянием, дабы каждый мог его придерживаться, находя для себя некий эквивалент. Его трактат о Таинствах носит весьма характерное название «Жизнь во Христе». Он показывает, что мистериальная (сакраментальная и литургическая) сторона Церкви – сердце мистического опыта, доступного для всех, тайна жизни в Боге, которую *Церковь* предлагает всем и каждому.

ВСЕМИРНОЕ ИНТЕРИОРИЗИРОВАННОЕ МОНАШЕСТВО

Теперь нам становится возможным выявить непреходящие ценности монашества, которые в силу интериоризации могут стать принципами всякой христианской жизни. Можно легко показать, что монашеские обеты послушания, целомудрия и бедности встречаются в жизни всякого христианина.

Всецелое послушание Богу упраздняет всякую самонадеянность и всякое воздействие со стороны мира. Тот, кто поистине послушен Богу, властвует над миром, он царственно свободен, он во всей полноте обладает царственным достоинством.

Целомудрие обнаруживается в самой структуре духа и в священническом принесении в жертву Богу всего своего имущества и своего существа, это полный отказ от собственности и всецелое посвящение Богу своей жизни.

Бедность – это восприимчивость, всецелая открытость бедняка Промыслу Божьему, пророческое в него проникновение, при котором человек хочет знать в мире сем только Слово Божие и следовать за Ним, стремясь лишь к стяжанию живительного дуновения Святого Духа.

Когда молитва делается постоянным состоянием души, становится плотью и кровью, то всякий труд, всякое слово, всякое действие претворится в молитву, живое свидетельство о присутствии Божьем, вознесение Ему хвалы.

Люди, проявляющие эсхатологический максимализм, своими усилиями восхищают Царство Божие; это своего рода тоталитаризм веры, который ищет единого на потребу, преобразуя мир и Царство и осуществляя его справедливость; в свете Конца он видит и созерцает «пламя вещей». Такой тоталитаризм представляет собой экзистенциальную устремленность к верховному и последнему, выражающемуся в активном чаянии Страшного Суда и в подготовке к нему. Всей своей жизнью человек показывает, *что* он увидел в Боге. Он делает это и не может поступить иначе. Этот человек – свидетель, в котором уже присутствует Царство Божие, возвещает о нем даже своим безмолвием.

ЦАРСТВЕННОЕ СВЯЩЕНСТВО ВЕРНЫХ

ФУНКЦИОНАЛЬНОЕ СВЯЩЕНСТВО СОГЛАСНО ЧИНУ И ОНТОЛОГИЧЕСКОЕ СВЯЩЕНСТВО ВЕРНЫХ

Помазание (*1Ин.2:20*), некогда бывшее уделом царей, священников и пророков, в Церкви становится достоянием всех верных. Уже больше не имеет значения (*Ин.4:21–24*) ни принадлежность к известной национальности (Израиль), ни известное место поклонения (Иерусалимский храм), но Тело Христово образуют все объединенные Им в Себе все крещеные, ставшие «народом Божиим», в котором каждый мирянин причастен «народу священников».

Речь идет не о священнике в смысле носителя этого чина и не о его власти совершать Таинства (епископ). Священник, член царственного священства (всякий верующий) – это тот, кто соучаствует в священническом служении Иисуса Христа, не исполняя священные функции, но всем своим освященным существом. Именно в виду этого онтологического священнического достоинства всякий крещеный запечатлевается дарами, «помазанный Духом Святым в самой своей сущности». Следует сосредоточить все свое внимание на священнической субстанции верного – это значит принести в жертву всю свою жизнь и свое существо: соделать из своей жизни литургию. Мирянин в своем существовании обнаруживает себя как священник. Таинство миропомазания – Таинство всемирного священства; оно сообщает всем крещеным совершенно равноценное священническое достоинство, и та же освящающая благодать призывает всех к личной святости. Из лона этого всеобщего равенства некоторые люди изымаются и поставляются также Божественным актом епископами и пресвитерами. Таково различие служения, присущее священству в целом в его пределах; это различие носит функциональный характер; тем самым упраздняется всякое онтологическое различие между клириками и мирянами. Священство как единое целое, в котором нет места ни урезыванию, ни смешению, по своей природе носит иерархический характер и совершает дифференцированные функции, вследствие чего ни один из членов Церкви никоим образом и никогда не может быть заменен другим.

В Послании к Коринфянам *Климента Римского* (гл.41) упоминается о «правилах для мирян», которыми должен был руководствоваться в своем поведении народ. В творениях святого Киприана, проповедавшего в Северной Африке, в первый раз появляется наряду с названием «клирик» – «мирянин». В противоположность клирикам, которым предоставлено заниматься Божественными вещами, миряне, как можно подумать, – это те, которые занимаются вещами мира сего, те, которые, по словам святого Иеронима, женятся, ведут торговлю, обрабатывают землю, воюют, вершат правосудие. Уже в конце VI века появляются тревожные сигналы. Сами миряне изменяют своему священническому достоинству, обедняют себя, утрачивают свое священническое значение; вследствие этого роковым образом епископы все в большей степени становятся средоточием всего священного, священнического достоинства, всецело «посвященным» Богу. В результате духовного оскудения возникает некая отчужденность мирян, свидетельствующая об опасном отказе от даров Святого Духа. «Измена мирян» – это подлинное отречение, весьма странная отчужденность от своей священнической природы. Именно к этому упадочному состоянию относится уничижительный термин «биотикой» и даже «анииеной» – лишенные всего святого, профаны. Искусственное и ложное противопоставление мирян клирикам приводит к чисто отрицательной, лишенной всякого смысла концепции: мирянин – это тот, кто не несет церковных функций. Между тем, Таинство миропомазания призывает каждого к церковному служению. В письме к Диогнету (конец II века) говорится о христианах, как о «чужеземцах, проживающих в своем отечестве... они ведут жизнь на земле, но являются небесными гражданами», они по существу живут среди Божьих вещей.

ТАИНСТВО МИРОПОМАЗАНИЯ И СООБЩАЕМЫЕ ИМ ТРИ ДОСТОИНСТВА

В молитве, находящейся в центре Таинства миропомазания, высказывается просьба о даровании печати дара Святого Духа и точно определяется цель такого Дара: «Да благоугождает он Тебе во всяком деле и слове». Это всецелое посвящение и запечатление всей жизни для царственного священнического служения. Его тоталитарный характер подчеркивается церемонией пострижения, идентичной церемонии, совершаемой при вступлении в монашеское состояние. Эсхатологическая направленность молитвы говорит о целостном характере посвящения: «Да воздает он Тебе славу и да имеет все дни жизни своей лицезрение благ Иерусалима». Помазание всякий раз сопровождается формулой: «Печать дара Духа Святого», символизирует огненные языки, сошедшие на апостолов в Пятидесятницу.

В молитве при освящении епископ просит: «Боже, запечатлей их печатью непорочного мира, они будут носить в сердце своем Христа, дабы стать им обителью Троической». Человек запечатлен Духом Святым, он стал Христофором, носителем Христа, дабы стать храмом, «исполненным Троицей».

«Идите и научите все народы» (*Мф.28:19*) – эти евангельские слова, которые читаются во время Таинства, относятся к каждому крещеному. Этот призыв означает, что наряду с миссионерами, получившими от Церкви специальные полномочия, каждый помазанный миром является миссионером, на свой лад «мужем апостольским». Всякий мирянин призван к непрестанному свидетельству всем своим существом. Всей своей жизнью, ставшей интериоризированной литургией и Троической обителью.

Миряне представляют собой церковную область, которая одновременно является миром и Церковью. Они не имеют доступа к источникам благодати (власть совершать Таинства), зато их сфера – это жизнь благодати, ее проникновение в мир. Это «космическая литургия» в мире, совершающаяся уже в силу присутствия освященных существ, «Троических обителей». Это апостолат и миссия, совершаемая самой жизнью, благодаря священническому достоинству, которое уже по самой своей природе вытесняет из мира все нечистые или демонические силы. В область чисто человеческого во всех его формах, в социальную область миряне вносят «трисолнечный свет», переживаемые ими догматы, благодать, полученную ими и предлагаемую миру.

* * *

«Спасе наш, Ты даровал благодать пророкам, царям и первосвященникам, даруй ее так же через сие святое миро и тем, кто получает сие помазание», – молится епископ. Святые отцы подчеркивают, что всякому верному присуще тройственное служение: царское, священническое и пророческое.

Святой *Макарий Египетский* предупреждает каждого крещеного: «Христианство не есть нечто посредственное... ты призван к царственному достоинству». «Получившие миропомазание, становятся по благодати царями, священниками и пророками небесных тайн». Но что значит быть царем, священником и пророком в жизни каждого человека? «О чем думает мир? – спрашивает Паскаль... – О танцах, о битвах, о том, чтобы стать царем, при этом даже не задавая себе вопроса, что значит быть царем и быть человеком».

ЦАРСТВЕННОЕ ДОСТОИНСТВО

Во время приношения («анафоры») по сирийскому чину святого *Иоанна Златоуста* священник молит о даровании «духа чистого, который повлек бы нас к царственному блеску». Эта молитва предполагает наличие аскетического господства, освобождения от всякой детерминированности, от порабощенности миром, вожделением, принимающим различные формы, всеми демоническими силами. «Ибо идет князь мира сего, и во Мне не имеет ничего» (*Ин.14:30*) – свободное слово Царя. В силу этого могущества благодати, преображающей его природу, человек может сказать: я управляю своими инстинктами, я царю над плотью и над всеми космическими вибрациями», «я царь, потому что владею своими страстями», – как говорит святой Экумений. И святой *Григорий Нисский* добавляет: «Душа обнаруживает свое царственное достоинство, свободно располагая своими желаниями; это присуще только царю, властвовать над всем свойственно царственной природе».

Однако всякая свобода в отношении чего- либо вместе с тем свобода для чего-либо. Если свобода есть некое «как» человека и его существования, она приглашает нас перейти к тому, что можно назвать «что» его жизни, к ее положительному содержанию, – и подводит нас к священническому достоинству.

СВЯЩЕННИЧЕСКОЕ ДОСТОИНСТВО

Сотворенное существо предстает в своей последней глубине не только как мысль, но и как любимый. «Он (Бог) прежде возлюбил нас» (*1Ин.4:19*), – говорит святой Иоанн, и именно в этой любви мы становимся существами, имеющими подлинное бытие.

Сотворенный по образу Святой Троицы, человек в своей сущности есть единение, и вот почему организм Церкви, отвечающий его природе. Отныне не учреждение, носящее внешний характер, но сама правда человека, отпечатленная в его природе и показывающая его как человека – *церковь*, как человека – существо литургическое.

Когда человек созерцает себя на уровне своей собственной тайны, он созерцает себя как единение со всем миром. Мудрость великих духовных учителей гласит: не надо быть тем, что ты имеешь, Вкладывать свое «я» в свою собственность, но надо иметь то, что ты есть, надо, чтобы твоей собственностью стало твое подлинное существо. Всегда от «иметь» (обладания) переходить к «быть» (бытию). Недостаточно иметь нищету, нужно стать нищетой. «Блаженны нищие духом», быть может, означает: блаженны не те, которые имеют дух, которые являются собственниками, но блаженны те, которые СУТЬ дух. Здесь мы касаемся того изменения в природе, которое совершает Таинство, сообщая ей священническое достоинство.

В 12-й главе Послания к Римлянам святой апостол Павел умоляет нас предоставить наши тела в жертву живую, то есть совершать «разумное служение»; упоминая о служении, он имеет в виду евхаристическое заклание.

В «Письме к Тарсянам» (IV век) говорится: «Тех, которые пребывают в девственности, почитаю как священнослужительниц Христа». Подобным же образом *Минуций Феликс* (II век) замечает: «Тот, кто спасает человека от гибели, приносит тучную жертву. Таковы наши жертвоприношения и литургия, которой мы славим Бога». А *Ориген* весьма определенно связывает благодать миропомазания со священническим принесением верными их жизни в жертву: «Все те, которые были помазаны святым миром, стали священниками, и каждый носит в себе свою жертву всесожжения и сам возжигает огонь на алтаре... дабы он пылал, непрестанно сожигая. Если я отказываюсь от всего, чем владею, если я несу свой крест и следую за Христом, то я принес жертву всесожжения на алтаре Божьем... Если я так возлюбил своих братьев, что готов положить за них жизнь, если я борюсь до самой смерти за справедливость и истину, если я умерщвляю свою плоть... если мир распят для меня, а я для мира, то я принес жертву на алтарь Божий и становлюсь священником, совершающим это жертвоприношение».

Речь идет о «катарсисе» (очищения) аскетическом, подготовляющем человека к состоянию жертвы. Святой *Григорий Назианзин* в таких словах описывает подлинное литургическое состояние: «Никто не может участвовать в жертвоприношении, если он предварительно не принес в жертву самого себя». «Мы становимся царями, обретая власть над страстями, и священниками, предлагая себя как жертву духовную», – говорится в анонимной рукописи VI века. Святой *Иоанн Дамаскин* вспоминает оружие, которое проходит душу Феотокос (*Лк.2:35*) и называет его «разлитым благовонием» (*Песн.1:2*).

Во время литургии служащий священник говорит, вознося Святые Дары: «Твое от Твоего Тебе приносяще». Верный, представитель царственного священства, продолжает это священнодействие, он ежедневно совершает литургию своей жизнью, отвечая таким образом на молитву при совершении Таинства: «да во всяком деле и слове благоугождает Тебе». Его присутствие в мире как бы непрерывно длящаяся «епиклеза», призывание Святого Духа на наступающий день, на труды и на плоды земли, на усилия каждого ученого, чей взор очищен молитвой. Чистые сердцем узрят Бога, и через них Бог станет зрим.

ПРОРОЧЕСКОЕ ДОСТОИНСТВО

В библейском смысле слова пророк – это тот, кто восприимчив к «замыслам Божиим» в мире, тот, кто распознает и возвещает волю Божию, беспощадное наступление его благодати.

Евсевий Кесарийский в своем «Евангельском свидетельстве» говорит по поводу помазания священства: «Мы сжигаем пророческие ароматы повсеместно и приносим Ему в жертву ароматные плоды практического богословия». Вот превосходное определение мирян в их пророческом аспекте. Всякий член царственного священства обнаруживает себя как живое, теократическое богословие. Как говорит также святой Экумений: «Мы цари благодаря власти над нашими страстями, священники, дабы приносить в жертву наши тела, пророки, поскольку мы посвящены в великие тайны». В том же самом глубочайшем смысле высказывается Феофилакт: «Он пророк, потому что он видит то, что никогда не видело око».

Христианство, во всем величии своих исповедников и мучеников, носит мессианский характер, оно революционно и порождает взрывы. В царстве кесаря нам велено искать и находить то, что там не находится: Царства Божие. Но это только означает, что мы должны преобразить мир, изменить его преходящий образ. Изменить мир означает: перейти от того, чем мир еще не обладает (потому–то он и мир), – к тому, во что он преображается, и в силу этого становится другим, Царством Божьим.

Таков основной и последний призыв, звучащий в Евангелии, призыв к применению усилий, употребляя которые, христианин берет Царство Божие; святой Иоанн Креститель не только свидетель Царства Божьего, он уже та область, в которой мир побежден и присутствует Царство Божие. Он не только голос, который возвещает; он стал *своим* голосом. Друг Жениха, этот, кто умаляется и становится прозрачным для того, чтобы другой возрастал и являлся. Вот в чем состоит пророческое достоинство: быть тем, кто своей жизнью, всем, что в нем уже присутствует, возвещает о Том, Который грядет в мир.

НОВЫЙ ОБРАЗ СВЯТОСТИ

Нам представляется, что в наши дни возникает новый образ духовности. Ее представители не хотят оставлять мир во власти зла, но стремятся выявить духовное начало, присущее всякой твари. Человек, исполненный любви и добровольно отрекшийся от собственности, раскрывающий сердце для общения с вечностью, избегает искусственного конфликта между духовным и материальным. Любовь к Богу вочеловечивается, становится любовью всей твари в Боге. «Все – благодать», ибо Бог склонился над человеческой природой и вознес ее в бездну Святой Троицы.

Различным типам классической святости присущ героический стиль, для нее характерно удаление в пустыню, в монастырь. Такого рода святость осуществляется при известной удаленности от мира, и духовные устремления направлены прямо к небу, как бы по вертикали, подобно шпилю готического собора. В наше время ось святости сместилась и значительно приблизилась к миру. Этот новый тип не так бросается в глаза, подвиг таких святых незрим для очей мира сего, но он является плодом не менее реальной борьбы. Благодаря осуществлению верности призыву Господню в условиях мира, благодать проникает в самые его корни, туда, откуда истекает жизнь человеческая.

Малый путь святой Терезы, путь учеников отца де Фуко, путь церквей, которые находятся под знаком креста, но молятся и в безмолвии преображают человека, ибо любят его, – этот путь весьма характерен для современного ответа на евангельский призыв. Следуя за теми, которые силою берут Царство Божие, победно превосходя свою человеческую природу, люди, идущие этим путем, завладевают Царством в силу некоего «духовного младенчества», душевной целостности и аскетического преображения природы, во всей своей полноте отдавшейся служению Богу. Это новая форма святости, ставшая более универсальной в своей глубокой человечности, связанная с осуществлением христианства в мире, благодаря интериоризации дает доступ к основным духовным ценностям, достигавшимся во все века.

Такой святой покидает мистические собеседования с Богом, дабы нести помощь миру в его скорбях, он склоняется над человеческим страданием, спускается в преисподнюю современного мира. Сфера инстинктов, так же как сфера физиологии, уже не нуждается в оправдании. Благодать проникает во все планы человеческого существования; в лице того, кто всецело предается Богу, вся человеческая природа восстановлена и возвращена Богу. Долгое время господствовал образ святости, при котором подвижники удалялись в пустыню и спаслись за пределами общественной жизни. Современный мир вопит, взывая к такой святости, которая способна дать ответ на его проблемы, достигнув их разрешения в подвиге, совершаемом внутри этого мира.

Секуляризированная эсхатология отказывается от «есхатон», от понятия о конце, и возникает мечта о единении святых без Святого, о Царстве Божьем без Бога. Когда слабеют служители добра, ту же самую задачу берут на себя силы иной природы, действующие под противоположным знаком, – и возникает путаница и смятение умов. Евангельский завет: «Ищите Царства

Божьего» (*Мф.6:33*), истолковывается в светском смысле и вырождается, давая начало целому ряду утопий, рисующих яркими красками земной рай.

В наши дни христианство уже не является активным агентом в истории, но лишь зрителем, наблюдающим процессы, которые совершаются помимо него, – причем создается опасность, что *Церковь* окажется за пределами, в каких осуществляются судьбы мира. Социальные и экономические реформы, освобождение и эмансипация народов и общественных классов – все это осуществляют факторы мира сего, независимо от Церкви.

В настоящее время почти во всех странах мира христиане живут при режиме, осуществившем отделение Церкви от государства. *Церковь* может приспособиться к этому новому положению вещей, лишь сохранив универсальный и абсолютный характер своей миссии, органически ей свойственный. Однако ее теократизм становится более интериоризированным. Он призывает ее присутствовать повсюду, подобно совести, чей голос свободно звучит и обращается непосредственно к свободе, за пределами всяких светских императивов. Если Церкви трудно оказывать непосредственное воздействие на людей, поскольку государство не дает ей практических возможностей, то возрастает сила ее нравственного воздействия благодаря царственной независимости, какую обретают ее слова. В атмосфере равнодушия или открытой враждебности, не имея возможности обращаться к широкому кругу слушателей, *Церковь* может опираться только на веру истинного народа Божьего, свободного от всяких компромиссов, от всякого приспособленчества.

Победа, некогда одержанная в пустыне, была более громкой, чем триумф империи Константина; уединяясь в безлюдных местах, монахи покидали империю, пребывающую в благополучии под сенью компромиссов.

В настоящее время, пустыня, «обиталище демонов», перемещается в самое сердце людей, которые «живут в мире без надежды и без Бога» (*Ефес.2:2*). Монахам уже не нужно покидать мир, и каждый верный может найти свое призвание в новой форме интериоризированного монашества.

Богословие, устремленное к концу, требует восхождения мысли на крест, оно не имеет непосредственной связи с человеческой философией: «не видел того глаз, не слышало ухо, и не приходило то на сердце человеку, что приготовил Бог любящим Его (*1Кор.2:9*). Оно охватывает все откровение в целом, возвещает о тайне человека эсхатологического – «филиус Сапиентис» (сын Премудрости) – и дает великолепное определение всякому христианину: Тот, кто возлюбил Страшный Суд (*2Тим.4:2*). Для возлюбивших Страшный Суд наступающий час и есть настоящее время.

В Евангелии от Иоанна даны слова Господа, быть может, самые важные из всех, обращенных к Церкви: *принимающий того, кого Я пошлю, Меня принимает; а принимающий Меня принимает Пославшего Меня* (*Ин.13:20*). Если мир, человек, находящийся перед нами, принимает члена Церкви, одного из нас, он уже больше не находится вне священной сферы троического Единения, вне благословения, получаемого от Отца. Судьба мира зависит от того, будет ли Церковью проявлена надлежащая изобретательность, высокое искусство, для того, чтобы встретить должный прием. Существованию ада не угрожает гнев Божий, быть может, ему угрожает космическое милосердие святых. «Видеть Господа в брате своем», «непрестанно чувствовать себя висящим на кресте», «до самой смерти прибавлять огонь к огню».

В Первом Послании святого Иоанна Богослова любовь Божия – это начало, она предшествует всему, она превосходит всякий ответ. В своей глубине любовь открывается во всем своем бескорыстии, как чистая жертва рабы Господней, как радость друга Жениха, радость, которая существует сама по себе, подобно воздуху, пронизанному солнечным светом, радость «априори» для всех. В главе 14 (ст. 28) Евангелия от Иоанна Иисус просит Своих учеников, чтобы они радовались той великой радостью, причины которой вне человека, единственно в объективном бытии Бога. Из этой лучезарной непорочной радости проистекает спасение мира.

НЕМОНАШЕСКОЕ БЕЗБРАЧИЕ

Дары различны... и служения различны... и действия различны... Но каждому дается проявление Духа на пользу... Все же сие производит один и тот же Дух, разделяя каждому особо, как Ему угодно *(1Кор.12:4–11).*

Святой апостол Павел говорит нам о дарах и о служениях, которые каждый получает в целях «диакониа» (службы) для общей пользы. Этот призыв обращен ко всем, без исключения, но как в симфонии нужно уловить свою собственную музыкальную партию, найти свое личное призвание, единственное предназначение.

Это решительный поворот, определяющий духовный выбор, и важное духовное событие в биографии человека в случае, если он не принял в течение своей жизни монашества и не вступил в брак. Самой ужасной ошибкой было бы принять стечение известных обстоятельств своей жизни как свою судьбу. Отсутствие чего–либо никогда не может не заполнить, не сформировать человека. И больше ничего не ожидать от жизни – значит поддаться самому пагубному искушению. При сосредоточенном ожидании человек живет лишь настоящим, не предвосхищая будущего. Отказ от какого–либо определенного положения (например, от брака) для того, чтобы быть положительным и плодотворным, должен обусловить свободное и полное принятие другого положения (например, безбрачия), позволяющего ему вступить на путь, на котором он будет осуществлять свое призвание, отнюдь ему не навязанное, но всегда свободно принятое и усвоенное с данного момента на всю жизнь.

* * *

В связи с этим перед нами встает весьма определенная проблема призвания. В своем первоначальном аспекте призвание предстает как некая наклонность, коренящаяся в известных способностях и естественных дарованиях, предрасполагающих человека к тому или иному образу жизни и деятельности. В более углубленном аспекте, в религиозном плане веры, призвание – это некое предназначение, более сокровенное, более таинственное, имеющее в своем основании замысел Божий о данном конкретном существе. Это моя сущность, которую преподносит мне Бог как мою лучшую сторону, как идеальное начало моего «я», на которое я заранее даю согласие и свободно принимаю. Для осуществления призвания требуется полное раскрытие себя в настоящем без всяких расчетов на будущее.

Вера – это почти неприметное, бесконечно нежное давление, оказываемое на нас благодатью, которая охраняет и всецело ограждает нашу свободу произнести «фиат». Мы можем это сказать только потому, что мы властны также сказать «нет» и строить свою жизнь на отказе. Глас благодати – это отнюдь не повеление тирана, но приглашение, призыв друга. Я принимаю его на сегодняшний день, в свете моего настоящего положения, до того времени, когда я, возможно, буду видеть более ясно. Нужно принять этот полумрак открытых просторов, которые еще плохо различимы, не загораживая их и не ставя им пределов путем сведения к простым психическим функциям, к фрейдовскому автоматизму, посягающему на свободу духа.

В крайнем случае монах может нарушить свои обеты. Женатый человек может вступить в монашеский орден. Может случиться, что перед холостяком откроется один из этих путей, так же как он может оказаться перед перспективой безбрачия в миру. В данный момент он принимает это положением легко, радостно, как задание, вверенное ему на сегодняшний день, как высший смысл, придающий ценность его настоящему существованию. Неизбежно вытекающее из этого нащупывание пути сопровождается то успехами, то неудачами. Однако жизненно необходимо уразуметь, что речь никогда не идет о «долге», мертвенном и навязанном извне, о категорическом императиве, слепом и беспощадном. Если бы было так, то жертва перешла бы в самоубийство. Возможные эмпирические неудачи, испытываемые на краткие мгновения упадка духа и горечь никоим образом не дают нам право впадать в отрицание, быть духовно опустошенными и отрекаться от Бога. Нужно сотрудничать с благодатью, искать ее, как ночью наша рука ищет руку друга, и с улыбкой ожидать, что та или иная материальная неудача претворится в духовную победу. Поставленная мне собой данная конечная цель, будет или не будет она достигнута, ни в коей мере не является абсолютной целью моей жизни.

Если мы ищем главного, нащупывая его, ищем горячо и уповая на благодать, то поиски наши скоро становятся ориентированными. Это ни в коем случает не простое притяжение, но высокая степень соответствия между призывом и моей личностью. Мало–помалу предчувствуемая мною духовная ценность начинает жить во мне, я ее персонализирую, и она принимает отпечаток моей личности. Ничто внешнее не может меня детерминировать; принимая все окружающие меня условия, я их детерминирую, исходя из свободы, присущей моей личности, даже если это сопряжено – а это безусловно сопряжено – со страданием и очистительным огнем.

* * *

Эмпирическое «я» занято лишь самим собой и поглощено своими слепыми желаниями; но более глубокое, духовное «я», то, которое принимает свою участь, устремляется навстречу призывам, внимает им и отождествляет их с собой. Отвечая на призыв или при недостаточной проясненности сознания принимая настоящее время, человек оказывается в определенных жизненных условиях и вместе с тем испытывает вдохновение свыше, которое может каждую минуту повести его к совершенно новым свершениям. Переживая промежуток времени между тем, что сейчас есть, и тем, что вскоре наступит, я принимаю свою участь – призвание – и в некотором роде сам ее порождаю. Ибо Божественное действие объемлет собой человеческое действие, приглашая к содействию; Один входит в другого, никогда не принуждая его. Это своего рода глубочайшая диалектика и всегда девственное чудо человеческого «фиат». Она не выражается в терминах каузальности, но носит образ творческого соучастия. Я не являюсь причиной своей участи, ибо она всегда дар, но от меня зависит покориться ей, отвергнуть ее или же стать ее господином.

Надо быть предупрежденным и сознавать, что на нас неизбежно обрушатся искушения, что их будет все больше и больше, и в результате их переживаемые нами трудности будут представляться нам все более тяжелыми и, наконец, непреодолимыми. Но наличие невозможности и есть самый надежный критерий, определяющий истинное призвание, потому что «сила Божия в немощи совершается». Чрезмерные угрызения совести и тревоги, овладевающие человеком и переходящие в неврозы, являются характерным признаком идолопоклонства, преклонения перед своими желаниями, повышенного чувства своей значительности; и тут обнаруживается расстояние между призывом к чему-то неведомому и этим всецело бессознательным решением, которое эмпирическое «я» принимает самостоятельно, даже не давая себе в этом отчета. Отчаяние, в которое впадает человек, увидя, что его жизнь не удалась, вызвано тем, что он заранее решил, предрешил, что он композитор, гений, исследователь или женатый человек. Подобного рода произвольное решение – это некая ставка на будущее, сделанная наугад, в неведении тех данных, которые должны обеспечить в свое время удачу в жизни и создать подлинную участь человека. Путь, который мы заранее избираем и определяем, внимая голосу наших страстей, слепо доверяясь нашим наклонностям и не подвергая их испытанию в свете аскезы, обнаруживающей подлинную реальность, – этот путь заводит в трагические тупики искалеченной жизни.

Дабы избегнуть всякого детерминированного решения, нужно удостовериться в наличии духовного диапазона свободного пространства, дабы вызвать к жизни творческие изволения, преодолевающие непосредственные данные. Всякое восприятие участи человека как некоей детерминированности внешними факторами, по существу ошибочно; человек встречает свое призвание на гребне между необходимостью и творческой свободой, на пути веры, направление которого становится все более ясным по мере того, как крепнет его свободное признание.

Тот, кто внимательно вглядывается в себя, ожидает и уже любит приходящее, то, что готовится в том таинственном и определенном сочетании, в котором профан видит только естественную необходимость. В пределах круга, замкнутого на горизонтали, возникает некая вертикаль, означающая трансцендентальность.

Полагая, что мы отказываемся от того, что считаем нашей собственностью, мы на самом деле отказываемся лишь от того, что нас ограничивает, но это освобождение происходит лишь в тот момент, когда наше «я» перестает воспринимать себя как абсолютную цель. К снопу условий мы можем прибавить новые колосья, и тогда в каждом зерне обнаружится вся полнота нашего творческого существа.

* * *

Призвание – это всегда выбор, осуществленный в ответ на услышанный призыв. Этим призывом может оказаться настоящее стечение обстоятельств. Он никогда не будет голосом, все объясняющим нам; мы всегда пребываем в некоем полумраке, неразлучном с верой. Существует нечто, в чем мы можем быть твердо уверенными: при всяком призвании неизбежен тот или иной отказ. Женатый человек отказывается от монашеского героизма, монах – от супружеской жизни. Богатому юноше, о котором идет речь в Евангелии, не было предложено ни жениться, ни поступить в монастырь. Он должен был отказаться от своего богатства, от своего «имения», от своих пристрастий, дабы следовать за Господом. Подобным же образом «скопцы» ради Царства Божьего – какой бы смысл мы ни вкладывали в это слово – означают некое лишение, некий отказ, некую жертву. Но во всех случаях, когда имеет место лишение, о котором говорится в Евангелии, обнаруживается некий дар благодати; отказ, то есть нечто отрицательное, она преобразует в положительное призвание. Отказ от чего–либо означает всецелое посвящение себя чему–то другому, что позволяет осуществить именно этот отказ. Это ни в коем случае не самоущербление, но воссоздание гармонии существа, всецело отдавшегося своей новой, уже любимой им участи. Всякая духовная бесплодность – результат незакономерных сублимаций, самоизувечивания и насилий над собой, связанных с дурно понятым призванием, с отказом, который человек утаивает от себя или от других и который его парализует. Все это различные виды неподлинного существования, когда жизнь не имеет смысла, но всякий раз возможен выход в область подлинной жизни.

Все люди ищут познания, могущества, радости. Но одна только радость довлеет самой себе. Она содержит все в себе и все превосходит, потому что она – симфония обретенного смысла, того «единого на потребу», о котором говорится в Евангелии. Призвание безбрачного безконечно шире безбрачия как такового. В центре стоит не безбрачие, но жизнь, которая в данное время включает в себя безбрачие. У священника Римско–католической Церкви безбрачие только одно из условий его служения, причем оно лишено специфических привлекательных сторон монастырской жизни. Если изменится церковная дисциплина, священник сможет жениться, не изменяя своему священническому призванию, как мы это видим в Восточной Церкви. Точно так же для безбрачного его безбрачие – только временное или определяющее условие его служения как представителя царственного священства, осуществляющего Царство Божие. Если монах занимается Божественными вещами, то безбрачный живет в этих «Божественных вещах», выражением которых является человеческое существо; его служение направлено на пользу ближнего. Он – второе лицо, некое «ты» для мира, в котором он живет. Это любовь – сострадание, которая не ищет взаимности и ничего для себя, но отдает себя и спускается в преисподнюю мира, агонизирующего во мраке. Он не делает выбора, но воспринимает в себя всякое страдание и встречает другого, ближнего, оставляя Бога.

Подобное существование, сосредоточенное на ближнем, представляет собой весьма конкретное призвание, потому что оно символизирует собой Царство Божие, его присутствие в мире. Если спасение надмирно, оно предлагается в недрах мира. Сам мир, нуждаясь в помощи, взывает к евангельским свидетелям, которые оставались бы в нем. Именно к таким свидетелям относятся слова *Блаженного Августина*: «Дай мне кого-нибудь, кто любит, и он поймет». Здесь речь идет о том, что надо возлюбить свою участь, возлюбить крест, созданный нашим «я»; может быть, самое аскетическое деяние состоит не в отрешении, но в целостном принятии самого себя. Если я принимаю все, что выпало мне на долю в результате моего свободного выбора, то с этого момента все становится осмысленным, глубоким, интересным, захватывающим и радостным. Человек никогда не бывает один, на нем рука Божия; он принимает ее и чувствует, его участь определяется, «ориентированная» на Восток. Таков опыт всех великих духоносных отцов.

* * *

Для той, которая чувствует, что она «сброшена со счетов», которая разочарована в своих ожиданиях, для которой не оправдались ожидания молодости, в тот момент, когда кажется, что все закрыто и кончено, – именно в этот момент все начинается. Таков глубочайший смысл легенды о Святом Граале. Бедный рыцарь приходит, когда все остановилось; старый король лежит недвижимо на своем ложе; источники иссякли, птицы больше не поют и все замерзло в смертном оцепенении. Рыцарь задает единственный вопрос, единственный истинный вопрос: «Где Грааль?». И тогда все оживает, старый король встает со своего ложа, источники вновь начинают бить, и птицы снова поют. Это единственный вопрос – ответ и есть «фиат» нашей участи. Не только принятая, но и сотворенная наша участь преображает свое чудо, живет в чуде. Именно таков смысл прекрасных слов пророка Исайи: «Возвеселись, неплодная, нерождающая; потому, что у оставленной гораздо более детей, нежели у имеющей мужа, говорит Господь... Ибо твой творец есть супруг твой» (Исайя 54:1,54:5).

Опыт жизни в Советской России показывает, какую решающую роль сыграла женщина в обновлении религиозной жизни. В то время, когда *Церковь* была вынуждена к молчанию, женщина возвысила свой голос, совершив керигматическое деяние, подлинно священническое служение. Она осуществила апостольскую миссию, построив в безбожном мире свой мир веры. Благодаря своей молитвенной открытости Святому Духу, она сообщила душам человеческим «чувствительность» для приятия слова. Не пускаясь в поиски, она заглянула в свою душу, узрела свое призвание рабы Господней и пробудила пыл в друзьях Жениха, призвав их в *Церковь*.

Смирение, какое проявляют в аскезе великие духоносные отцы, не что иное, как искусство точно определять свое место и занимать его. Если в мире все хотят получать почести Жениха и Госпожи, то евангелие показывает, что наше подлинное положение – это положение Рабы Господней и друга Жениха, и радость их велика, потому что они внемлют глас Господень.

* * *

Формы общественной жизни претерпевают быстрые и неожиданные изменения; напротив, религиозный образ действий всякого верующего отмечен значительной стабильностью. Он может вникать в замыслы Божии в мире, где людей ослепляет прогресс науки и техники; он может объединить стремящихся к уединению и создавать общины живых свидетелей; он может возбуждать дух благоговения, претворить в молитву всякий труд, даже в бетонированном сердце современного города. Однако в настоящее время уже невозможно осуществлять такое служение в индивидуальном порядке. При современном состоянии общества требуется принимать меры и творить дела милосердия в порядке коллективном. Верующие люди обладают замечательной привилегией: им дано сообща взывать к Богу, моля Его о ниспослании благодати на человеческий город.

Именно здесь безбрачные оказываются самыми плодотворными деятелями, потому что они могут всецело отдавать себя на служение, проявляя неустанно присущую им действенную любовь.

Если для святого *Иоанна Златоуста* «брак есть образ небесного», то безбрачие есть непосредственный образ Царства Небесного, «где не женятся» и «равны Ангелам». В жизни будущего века уже не будет человеческих пар, «сосуществования такого-то мужчины в качестве мужчины с такой-то женщиной» в качестве женщины, но единство мужского и женского начала в их целостности, будет восстановление Адама–Евы во всем духовном диапазоне.

Итак, безбрачное посвящают все свое существо действенному служению дружбе не по образу монахов, живущих по ту сторону мира и не по образу супругов, которые частично отходят от него, дабы создать ячейку своего единения, но в порядке предвосхищения грядущего единения мужского и женского начал. Подобного рода братство, обширное как мир, собирая вместе мужчин и женщин, «супружески» осенит все человеческие страдания. «Супружески» означает в данном случае: объединяя присущие тем и другим харизмы.

На этом пути может произойти встреча, может возникнуть чета по воле Божией. Но это будет сверх обычного. Если человек будет намеренно и целеустремленно искать брачных уз, это исказит его духовный путь, лишит чистоты его дарование, поставив его призванию бессознательные, но тем более обесценивающие пределы.

Не подлежит никакому сомнению факт самоотдачи. При этом может завязываться глубокая дружба в меру присущей тому и другому чистоты, дух и душа гармонически расцветает в общении между двумя личностями. Безбрачие отнюдь не препятствовало некоторым великим христианским аскетам проявлять гармонию душ, осуществлять мистическую дружбу в тесном духовном общении: святой Бенедикт и святая Схоластика, святой Франциск и святая Клара, святой Франциск Сальский и святая Жанна Шанталь, святой Иоанн Хреста и святая Тереза, святой *Иоанн Златоуст* и диакониса Олимпиада. Подобного рода дружба даже не противоречит монашескому состоянию. Она может произвести на свет обильное потомство: духовных детей, которые следуют своему призванию свидетелей.

Совершенно исключительное благоговение великих мистиков к Пресвятой Деве выявляет весьма важную черту. Не впадая в различные вредоносные отклонения, они почерпают в почитании Богоматери чистейшую нежность и достигают «состояния влюбленности» во всякую тварь. Дело в том, что Пресвятая Дева, оказывающая всему миру Свое материнское и параклитическое покровительство, становится самым могучим выражением

Божественного Человеколюбия. Не менее поучительно для нас и следующее изречение духоносных отцов: «Настоящий, переживаемый тобою час, человек, которого ты встречаешь здесь и теперь, задача, которую ты выполняешь в данный момент, – самые важные в твоей жизни». То, что мы имеем непосредственно перед собой, – это жертвенная самоотдача, которая побеждает всякую разлуку, всякое одиночество и всякий «инстинкт смерти». Для того, кто сегодня полностью принял свое признание, завтрашний день сливается с днем Господним.

Прекрасные слова святого *Григория Нисского* относятся к человеку, живущему в любых условиях, и выявляют чудо жизни, радостно принятой и отданной: «Даже, что представляется нам в человеке как противоречивое состояние, должно быть синтезировано и принять упорядоченный образ... для того, чтобы явные противоречия разрешались в свете единой и единственной цели, ибо Божественная сила способна сотворить надежду там, где больше нет надежды, и проложить путь в невозможное».

ЛЮБОВЬ И ТАИНСТВО ЛЮБВИ

ГАРМОНИЯ ЛЮБВИ

Обломов, герой романа, принадлежащего перу русского писателя Гончарова, на вопрос: «Что ты делаешь в жизни?» – отвечает, удивленный и даже несколько обиженный таким вопросом: – «Как, что я делаю? Да я люблю Ольгу». Перед ним разительная очевидность, смысл которой остается, однако, невыразимым; в крайнем случае, когда мы приближаемся к первичным истинам, мы можем сказать «как», но ни в коем случае «почему» или «что». Просто–напросто: «Они любили друг друга, потому что все это лежало – земля под ними, небо над ними, облака и деревья...» (Пастернак, «Доктор Живаго»), или же: «Потому что это был он, потому что это была она» («Тристан и Изольда»).

Ни один великий мыслитель или поэт не мог ответить на вопрос: что такое любовь? Мы можем проследить за ее развитием, но ничего не можем сказать о ее зарождении. Воспарив на вершину, душа становится чистой музыкой, и приходит конец словам. Можно ли уловить свет – он проходит сквозь пальцы. Если бы можно было найти формулу любви, то тем самым была бы найдена формула человека. Когда будут выпущены все стрелы разума, остается последняя – стрела мифа, которая сможет поведать нам об иррациональной сущности. Так и поступает Рамоз в своем произведении «Адам и Ева»: «Один да один уже больше не два, но они остаются «одним»». Они не становятся, но остаются одним, и это означает, что они вновь обретают и восстанавливают свою первичную таинственную правду. Точно так же Шекспир в своей поэме «Феникс и голубка» говорит: «Они так любили друг друга, что хотя в любви их было двое, они были едины в ее сущности; различные, но не раздельные, число было упразднено, каждый был «я» другого». Любимое существо внутри меня, – говорится в японской поэзии. Каббала видит в любимой женщине появление Шехины, славы Божией. Достоевский предчувствует ту же тайну и называет любимое существо «живой жизнью» («Подросток»), и Габриэль Марсель утверждает, что любовь имеет силу сообщать бессмертие: «Сказать: я тебя люблю, значит сказать: ты не умрешь».

Чтобы обнаружить что-либо в любви, надлежит устремиться далеко за пределы любви, проникнуть в ту душевную глубину, где страсть, сохраняя всю свою силу, но свободная от всякой плотской окраски, становится неподвижной осью вращающегося колеса. Поднимаясь над чувственностью, любовь придает плоти духовную значимость, о которой даже не подозревает. Обладая прозорливостью и пророческим даром, любовь прежде всего является откровением. Она показывает душу любимого в световом озарении и достигает такой высокой степени познания, которая доступна лишь тому, кто любит. На древнееврейском языке глагол «яда» означает одновременно «познание» и «соединиться в браке»; таким образом, любовь означает полноту познания: «Адам познал Еву». Сквозь все личины любовь созерцает исконную невинность. Чудо любви упраздняет удаленность, расстояние, одиночество и позволяет предчувствовать, чем может стать таинственное единение любящих, гетерогенное единство двух субъектов. Шарль Морган в своей книге «Источник» твердо ставит последнюю альтернативу: или любовь делает из любящих «богов», способных, общаясь друг с другом, сотворить некую вечную сущность, которая превосходит нас и не зависит от наших радостей, или же мы попросту животные, попавшиеся в капкан... Наша любовь властна сотворить личность, ипостась, более прекрасную, более жизненную и более прочную, чем вы и я, или же она является лишь бесплодным наслаждением...».

Говоря, что «родина души – любовь», Гоголь указывает на ее двойственную природу и ставит нас перед той же альтернативой. Страсть может смести на своем пути все препятствия. Становясь безудержной, она все сжигает и уничтожает, переходит в ненависть и устремляется навстречу смерти (такова уничтожающая любовь Версилова у Достоевского; такова обольстительность «влюбленной в дьявола», у Гоголя). Однако душа может также соприкоснуться с женственно–девственным и в свежей чистоте любви встретить своего Создателя.

Дюррель, рассматривая все степени любви, говорит об Эросе, как об опасном проводнике на тропах страдания.

Нанеся глубокую рану и очистив человеческое существо, отметив избранницу–возлюбленную неизгладимыми стигментами (изуродованная рука Клеи, ставшая совершенно здоровой), Эрос возносит душу на вершину очистительного посвящения и покидает ее на пороге дворца, где присутствует одно искусство. Здесь любовь отказывается от своих прав и умаляется, дабы возрастало другое – чистое искусство. Весь вопрос в том, что такое искусство...

Достоевский ответил бы без колебаний: «Непосредственно объемлет красоту Дух Святой». Как только человек покидает фарватер инфернального корабля и вырывается из сетей демонического птицелова – в трепетной атмосфере всемирного ожидания восходит солнце над космическим храмом, где пребывает единственный Художник – Святой Дух.

Любимое существо не бог, но царственный дар, озаренный присутствием Дарителя. Данте очень просто говорит об этом: она взирала на Бога, и я взирал на Него ее очами, и небо становилось еще лазурней. «Любить то, что никогда не увидишь вторично»; в этом новом, всегда первозданном аспекте любить вместе – это созерцать Восток. Самое темное вещество претворяется в свет, непрозрачный уголь становится сверкающим алмазом. Корни уходят в темную землю, но цветок становится светом и побеждает тьму.

* * *

Если никому не удалось разрешить проблему, если всякая эпоха старается разрешить ее на свой лад, – это значит, что любовь – вечно новый предмет. Можно усмотреть три гармонических образа любви – греческий, библейский и современный.

У Платона любовь сопряжена с диалектикой превышения. Крылатые души, о которых идет речь в «Федре», порождаются любовной страстью. Однако любимый предмет ускользает от нас, он быстро переходит в сферу возвышенного и умопостигаемого, сущность которого всецело безлична. Эрос – это «даймон», «посредник, связующее начало между смертным и бессмертным», могучий импульс, искра, которая вызывает подъем в область чистой духовности, где мудрец «внезапно узрит некую красоту... которая не ведает произрождения и разложения, возрастания и разрушения». Это восхождение к безличной идее, без диалога и взаимной любви. Красота того или иного существа – это отражение и воспоминание о потусторонней красоте. Верность этой красоте состоит в том, чтобы превосходить всякого возлюбленного, даже убегать от него. Это предел платоновской эротики. Но уже намечается некая первичная аскеза, которая делает свободным от чувственного и от власти чувств.

Дени де Ружеман, рассматривая современную любовь, любовь–страсть, мифологизирует ее, и сопоставляет с мифом о Тристане и Изольде, а также с мифом о Дон Жуане. Страсть, перегорая, переходит в безмерное страдание и во имя мистики ночи приобщает к восторженной смерти. На противоположном полюсе – Дон Жуан, это обманщик, он любит лишь свою любовь и оскверняет правду других существ, он вкушает женщин, как вкушают плод, он не отдает своей души и не берет чужой. Быть может, Дон Жуан – это своего рода неоплатоник. Он не любит ни одной женщины, он ищет «женственность», чьим слабым отблеском является каждая женщина. Под конец, он сам перестает быть определенным существом, становится «человеком без имени», без сущности (Тирео де Молина).

Эти мифы находят свое отражение в жизни супружеских пар и вызывают кризисы. Если бесконечная длительность не проникнута аскезой, то длительность порождает опасную скуку. Напряженная любовь Тристана, невместимая во времени, стремится вырваться из его длительности; вечно новое возбуждение Дон Жуана кончается в первое же утро любви и отвергает завтрашний день, длительность. Оба эти образа любви уничтожают личность любимого существа. Ангелический образ страстности у Тристана и его тяготение к смерти уничтожают личность в ее историческом аспекте и переходят в образ любви, свойственный Дон Жуану, при котором уничтожается вечный аспект возлюбленной. Впрочем, поэзия трубадуров идеализирует любовь, но, благодаря романтизму, их любовь непостоянна в своей вечной жажде, она носит отпечаток платонизма и не в силах удержаться на высотах аскетической чистоты, она не может устоять перед насмешками восхваляющих распутство и начинает воспевать смерть.

В романтизме Кьеркегора женщины, эти «небесные врата», становятся чистой идеей: «Несчастье женщины в том, что она в какой- то момент представляет собой все, а в следующий момент уже ничего не представляет, и при этом никогда не знает, что она по существу означает как женщина».

Когда мужчина больше не нуждается во вдохновении, и когда он пресыщен длительностью, женщина уже больше не имеет сама по себе ни значения, ни ценности, она даже не является человеческим субъектом, личностью. Самое большее – она некое относительное существо, поэтический образ отсутствия.

Маркс и Фрейд срывают маски романтизма и обнаруживают вместо любви грубую реальность скрытого вожделения или эксплуатации человека человеком. Разоблаченные существа унижены до состояния самцов и самок. В результате превратного понимания аскетизма Ницше сказал: «Христианство дало Эросу выпить яду, он не умер, но выродился в порок». Когда Евангелие не воспринято в полной мере, конфликт между духом и чувствами немедленно вызывает совершенную потерю равновесия. Всякая попытка разрешить этот конфликт путем «десексуализации» человеческого существа становится посягательством на творящую волю Божию. Умерщвлять Эрос, умерщвляя плоть, значит иссушать человеческую природу, это значит от презрения к этой беспокойной стихии перейти к ненависти.

«Мужчина мыслит себя без женщины...», он создает историю, не глядя на нее сквозь призму библейского откровения. Ибо святой апостол Павел сказал: *ни муж без жены, ни жена без мужа, в Господе* (*1Кор.11:11*).

«Песнь Песней», вершина мировой поэзии, воспевает любовь и священную двоицу брачного союза. В этой эпиталаме идет речь о женихе и невесте, которые ищут друг друга, но ее подлинным героем является не идиллический пастух, не прекрасная Суламифь, но сама Любовь. На эту тему, раскрытую в последних стихах, и была написана «Песнь Песней»: *положи меня, как печать, на сердце твое, как перстень, на руку твою: ибо крепка, как смерть, любовь... стрелы ее – стрелы* пожирающего огня Ягве (8:6). Образ жениха и невесты является также образом супружеской любви Бога и человеческой души. Основное откровение «Песни Песней» состоит в том, что человеческая любовь имеет свой источник в Боге и возгорается от огненных языков пожирающего пламени Ягве, это и есть брачная Пятидесятница.

Великий иранский мистик Рузбехан Баглы из Шираза в своей книге «Жасмин верных любви» высказывает мысль о том, что во всякой переживаемой человеком любви необходимо совершается приобщение к любви Божественной. Это не бесплотная трактовка Эроса, но его преображение. В каждом любимом мы встречаем единственного Возлюбленного, подобно тому, как в каждом Божественном имени присутствует совокупность всех имен. Красота воспринимается как «иерофания» (проявление святыни) и «теофания» (проявление Бога) лишь в том случае, если Божественная любовь переживается в человеческой любви, вызывая преображение и воспарение. Человеческая любовь оказывается преддверием Божественной любви.

Все, что разъединяет Платон и вслед за ним все романтические и аскетические течения, воссоединяет «Песнь Песней». В библейской антропологии любовь между мужчиной и женщиной имеет свои корни в Божественной любви и раскрывается в Боге. Есть лишь одна Любовь, и все виды человеческой любви лишь ее мимолетное отражение. Поэтический гений семитов воспевает чары красоты, очеловечивает любовь и в то же время возносит ее на Божественные высоты. «Песнь Песней» преображает призрачные желания в единую жажду абсолютного. Таким образом, в Библии отсутствует всякая бесплотная идеализация и человеческое существо воспринимается во всей своей полноте, очищенное крещением и уже достойное воскресения.

ПРОРОЧЕСКИЕ ОТКРОВЕНИЯ И ВЕЧНОЕ НАСТОЯЩЕЕ

В неодолимой силе взаимного тяготения двух любящих Эрос узнает предмет, уже любимый им в его грезах. Можно говорить об известном «анамнезе», о таинственном припоминании, имеющим место в каждой истинной любви. Каждый мужчина несет в себе свою Еву, живет в ожидании Страшного Суда. Это предчувствие сообщает красоту и чистоту поэтическим мечтам юности. Обладающий чуткостью мужчина может предчувствовать свою предназначенность к истинной любви, другими словами, свою участь: «ибо она предназначена тебе от века» (*Тов.VI, 18*).

На пути в Еммаус Иисус Христос стал зрим ученикам в момент преломления хлеба. Этот момент присутствует также в любви, это чистейший момент, когда любящие вкушают «ангельского хлеба» и узнают друг друга в непосредственном и внезапном озарении. Подобно тому, как молния рассекает мрак, любящие видят один другого: «он созерцает себя в любимом как в зерцале» и *как в воде* лицо отвечает лицу, *так сердце человека* отвечает сердцу другого (*Притч.27:19*).

Пророки в своей прозорливости созерцают «красоту сокровенного человека сердца» (*1Петр.3;4*), улавливают сквозь телесную оболочку икону, замысел Божий о возлюбленном существе. Любовь возникает именно тогда, когда «некая незримая рука сбрасывает покров, открывая красоту, которую другие не могут уловить» (Ковентри Патмор). То, что непосвященным кажется обычным и лишенным тайны, для любящих становится единственным и таинственным. Говорят, что любовь слепа, а между тем она дает видение. Откровение сверхсубъективно, однако отнюдь не иллюзорно, потому что оно приобщает нас к образу Божьему. Иконографическое восприятие посвящает человека и приучает его к лицезрению лика вечности. Именно это имеет в виду святой *Иоанн Златоуст*, утверждая, что «супружеская любовь – самая сильная любовь», ибо она, подобно вере, умеет видеть то, что сокрыто от других. Любовь касается тайных глубин, возникнув, она восполняет и завершает, никогда не упраздняя тайну.

Человек любит другого таким, каков он есть, и это позволяет любящим принимать друг друга и получать в дар свое собственное существо. Средний человек в любви обнаруживает свою гениальность. Песнь, родившаяся из этой глубины, может заполнить вселенную и вознести ее до уровня, дотоле неизвестного.

Во всяком случае это «рождение в красоте» требует очистительного огня и обусловливает некую аскезу. Праздник любви бывает кратковременным. Идеальный образ показывается ненадолго и вновь исчезает. Это потому, что он не только дается, но его нужно и творить. Он очаровывает человека, а потом меркнет, заволакивается дымкой, и сердцем овладевает глубокая тоска, пламенное желание вновь его узреть.

В обыденности профанируется святыня, и все обстоятельства неотвратимо складываются так, чтобы убедить нас в том, что любовь не исполняет своих обещаний, не торжествует над всемогущим временем. Жизнь – это только непрерывное истощение, постоянное умирание, в котором гаснет лучезарный образ Суламифи, явившейся на краткое мгновение. Ничто не может противостоять убийственной власти времени, оно искажает любимые черты и предает забвению свежесть первого утра и первоначальное вдохновение. Именно в чреватой опасностями борьбе со временем и с убийственной повторностью человеческое существо оказывается наиболее ранимым. Проза жизни угнетает его, и им с инфернальной силой овладевает скука. Душа приходит в ужас при виде своих падений и неизбежных неудач; дивное видение окончательно гаснет, и кажется, что на долю человека остаются одни конфликты и противоречия.

Кьеркегор любит Регину Ольсен; он любит в ней юную девушку, девушку вообще, он ищет в ней то, что выше нее. Сделать эту девушку женщиной, своей женой значило бы для него совершить некое разрушение. Путь его – путь поэта, путь аскета, который рождает на свет духов, но не женится. Жениться – это значит пойти навстречу ужасной опасности: устроиться в жизни, погрузиться в смертный сон. Об этом говорит Виктор Эремита (это имя означает: «победа отшельника») в своем сочинении «Пир», или «Ин вино веритас» (истина в вине): «В драмах Тика мы видим персонаж, который был царем Месопотамии, а теперь бакалейщик в Копенгагене... Фрейлейн Юлиану, некогда бывшую императрицей безграничного царства любви, а теперь ставшую г-жой Петерсон, живущей на углу Бадештубштрассе...». Но вот самое ужасное: «Немало гениев стали гениями, немало героев стали героями, немало поэтов стали поэтами, немало святых стали святыми в силу благотворного влияния девушки. Но кто стал гением, героем или святым благодаря влиянию своей жены? При ее содействии он становится советником коммерции, генералом, отцом семейства. Перед нами суровая правда жизни: человек женится, имеет детей, приобретает подагру, сдает экзамен по богословию, становится депутатом...». Вот беспощадное зеркало, отражающее условия человеческой жизни, в которое супругам следовало бы постоянно смотреться. Жизнь ставит перед ними альтернативу смерти: умереть для воскресения или предвосхитить ад.

Случай с Кьеркегором – современная реплика на случай с другим датчанином – молодым принцем Гамлетом, и оба они характерны для стремящегося к абсолютному поэтического романтизма, но это абсолютное далеко не вполне совпадает с евангельским абсолютным, выразившемся в воплощении Сына Божьего. Регина была для Кьеркегора «Вирго Матер» (Дева–Мать), вдохновлявшей его в его творчестве. Он остается поэтом и «смотрит с душевной печалью тритона–соблазнителя, который из глубин своей бездны созерцает Агнессу, играющую и поющую на берегу». Все его труды – дань хвалы избраннице его воображения, и его поклонение выражается в диалоге с существом, лишенным всяких конкретных черт, с существом, судьбу которого он отнюдь не разделяет. «Если бы я имел веру, – говорит он, – я остался бы с Региной». Он наслаждается «девушкой» как абстрактный философ, он не владеет ею и не знает ее, и она не получает душу поэта взамен своей. Меч короля Марка (персонаж романа Ж. Бедье «Тристан и Изольда») разделяет их, и они превращаются в идеальные категории: «Философ испытывает отвращение к браку, видя в нем препятствие. Кто из великих философов был женат? Их даже невозможно представить себе женатыми. Женатому философу – место в комедии, таков мой тезис», – утверждает Ницше.

Вникая в религиозное устроение Кьеркегора, мы начинаем понимать, в чем дело: он пребывает перед

Богом, но не в Боге. Ему трагическим образом чуждо преображение, чудо претворения воды в вино в Кане Галилейской. Он раздавлен тяжестью греха, его преследует мысль о вечной погибели; мрачные и иронические страницы его книг о его жизни не пронизаны радостным дыханием благодати.

Любовь всегда воспринимает «единственное», ей чуждо «всеобщее»; и это «единственное» не есть психологический факт, непосредственно воспринимаемый человеческой природой, оно требует посредничества благодати. Вот почему брак не имеет отношения ни к морали, ни к эстетике, но только к религии. В силу благодати Таинства неудачи никогда не наносит смертельных ран, и измены не влекут за собой окончательного осуждения. То, что монахи осуществляют непосредственно, супруги осуществляют опосредованно, и их «медиа» (общее, серединное) и есть сакраментальное действие благодати. Друг через друга они взирают на Христа, и этот «другой» и его любовь – дар благодати. Тогда девушка вечно присутствует в женщине; *ты хорошее вино сберег доселе* (*Ин.2:10*); и это *доселе,* вечно девственное, пронизано вечностью. Вот почему Ковентри Пальмор воспевает «плодоношение вечной свежести».

Если воспринимать мир вне воплощения, то бесконечное, качественное, непреодолимое различие между Богом и человеком, их абсолютная чужеродность сделала бы невозможной счастливую любовь и всякое единение, даже взаимоотношения. Хотя бы опосредствованные и скрытые. Если в отношениях между женихом и невестой будет существовать такого рода радикальная чужеродность, то любовь станет несчастной и даже невозможной. Брак противопоказан для того, кто оказывается творчески продуктивным (случай с Кьеркегором), лишь когда сохраняет отрицательное отношение к девушке, которая находится на расстоянии от него, и, в конечном итоге, становится неким отсутствием.

Без наличия препятствий, не может развиваться никакая страсть. В браке препятствия удивительным образом принимают внутренний характер. Чарующая тайна супружеской любви заключается в духовном овладении друг другом, в недосягаемости, благодаря которой другое, любимое существо содействует совершению таинства: «финне аморис ут дуо унум фиант». Чужая становится мне ближе моей собственной души. В таком аспекте супружеское целомудрие означает для мужчины, что на свете есть только одно существо и в нем заключается вся женственность.

При императоре Максимиане молодой римский центурион, Адриан, стойко переносил мучения, и его поддерживала и воодушевляла Наталия, его молодая супруга, до момента его кончины, когда она произнесла следующие слова: «Счастлив ты, мой господин, свет моей жизни, что ты причислен к лику святых».

В своем повседневном облике девушка в лице Наталии достигает женской зрелости и уподобляется колосу, пронизанному солнцем. Приобщаясь к святости, объединенная со своим супругом в принесении себя в жертву Господу, в своем служении Ему вплоть до мученичества, она поистине «улыбка Божия» и «нежность Отца».

ОБРАЗ БОЖИЙ

Существует только одно страдание – это когда человек один. Бог в едином Лице не был бы Любовью. Он – Троица, одновременно один и троичен. Подобным же образом, если бы человеческое существо было замкнутой монадой, оно не могло бы быть Его образом. В библейском повествовании говорится о женщине как о «помощнице», вернее, как о дополняющем мужчину лице. В качестве помощника другой мужчина был бы полезнее женщины. И в Библии не сказано, что нехорошо «работать одному», но что «нехорошо быть одному», итак, женщина «будет с ним». «Один с другим» образуют «ко-эссе», значит, с самого начала, «ин принципио» человеческое существо – существо супружеское: *Мужчину и женщину сотворил их... и нарек им имя: человек, в день сотворения их* (*Быт.5:2*). «Говоря о двоих, Бог говорит об одном», – замечает святой *Иоанн Златоуст.*

Именно к их взаимности, к их двоице, по существу церковной, Бог обращается и говорит «ты» или «вы», никогда их не разделяя. Между тем враждебный человеку демонический элемент вводит в их взаимоотношения некое расстояние, и после этого на протяжении всей истории один будет всегда говорить другому: «Ажжека!» (Aggecka). Где ты? Это онтологическое искажение подтверждается словами, с которыми Бог впервые обращается к каждому из них в отдельности: «Жене Он сказал...»

и «Мужу Он сказал» (*Быт.3:16–17*). Это событие показывает, что различие мужского и женского прежде всего носит духовный характер.

В самом деле, сотворение Адама было сотворением сразу человеческого целого, по–еврейски слово Адам – человек – имеет коллективное значение. В Книге Бытия прямо сказано: «Сотворим человека (иш – адам), в единственном числе)... и они будут властвовать (во множественном числе); и Бог сотворил человека (в единственном числе)... и Он сотворил их человека–мужчину и человека–женщину» (множественное число относится к человеку, взятому в единственном числе). Понятие «человек» выше различия мужского и женского, потому что это различие первоначально выражается не в разделении двух индивидуальностей, изолированных друг от друга. Напротив, можно утверждать, что эти два аспекта человека до такой степени неразрывно связаны в идее Бога, что человеческое существо, взятое в отдельности и рассматриваемое само по себе, не есть целостный человек. Это, так сказать, лишь половина человека, существо, отъединенное от дополняющего его существа.

Бог навел на человека глубокий сон («тардема»). В греческом тексте стоит слово «экстаз». Речь идет о совершенно особом оцепенении, о «замирании чувств», свидетельствующем о некоем событии. С рождением Евы начало существовать вовне то, что было внутренним движением существа. Адам всегда был Адамом–Евой.

Рассказ о рождении Евы – это великий миф о супружеской единосущности мужчины и женщины: «она назовется «Иша» – жена, ибо она была взята от «Иш»–мужа». Святой Иероним переводит эти термины на латинский язык как «вираго» и «вир». Поскольку один произошел от другого, они будут единой плотью, единым существом: *Возлюбленный мой принадлежит мне, а я ему* (*Песн.2:16*).

Этот архетипический чин сотворения присутствует в благодатном чине брака в Кане Галилейской. На дне древних брачных чаш был изображен Иисус Христос, держащий над супругами два венца – символ восстановления первичного чина. Святой *Иоанн Златоуст* уточняет эту мысль: «Свойства любви таковы, что любимая и любящий уже более не два существа, но образуют единое существо... они не только соединены, но «стали одним», это означает муж–жена, «Адам» в библейском смысле, ибо любовь изменяет самую субстанцию вещей». Святой *Кирилл Александрийский* в своем толковании Книги Бытия говорит: «Бог сотворил со–бытие».

Эту святоотеческую концепцию можно считать основной на Востоке, ею проникнуты все канонические тексты. Брак так определяется: единство двух лиц в едином существе, единая субстанция; или: соединение в одно тело и в одну душу, но в двух лицах. Это весьма важное определение, супружеское «я» отнюдь не упраздняет личности, но оно – по образу Святой Троицы: единение в единой природе трех Лиц образует единый субъект, Бог и Един и Троичен; подобным же образом супружеское единение двух личностей образует двоицу – монаду, их два и они одно, объединенные в третьем Божественном термине. «Бог сотворил Адама и Еву, дабы между ними была величайшая любовь, отражающая тайну Божественного единства» (Феофан Антиохийский).

Итак, именно человек в своем супружеском аспекте есть образ троичного Бога, и догмат святой Троицы – это Божественный Архетип, икона супружеской общности.

Мы слышим в священнической молитве Господа: «славу... Я дал им, да будут едино, как Мы едино». Между тем в чине венчания мы слышим: супруги «увенчаны славой». Славу надо понимать как обнаружение Святого Духа. Этот дар Святого Духа во время Пятидесятницы, его харизма, сообщающая единство, достижима только в Церкви: «из Которого все тело, составляемое и совокупляемое посредством всяких взаимно скрепляющих связей, при действии в свою меру каждого члена, получает приращение для создания самого себя в любви» (*Ефес.4:16*). Живая община Церкви зиждется на «связях», особых формах любви. Наряду с общиной монастырской и приходской существует другой тип этих форм–связей: супружеская любовь–община. Брак образует церковную двоицу, учреждает «домашнюю *церковь*», о которой говорит святой апостол Павел и святой *Иоанн Златоуст.*

«Когда муж и жена соединяются в браке, они уже более не являются земными существами, но становятся образом Самого Бога». Святой *Иоанн Златоуст* видит в браке живую икону Бога, «теофанию». *Климент Александрийский* делает очень смелые выводы: «Кто такие эти двое или трое, собранные во имя Христа, посреди которых пребывает Господь? Не мужчина ли это и женщина, соединенные Богом?». Но все же он ставит одно условие: «Тот превосходит людей, кто постиг искусство жить... в браке... пребывая неразлучным с любовью Божией». «Брачное состояние свято», ибо оно предвосхищает Царство Божие и уже учреждает некое «микрабазилейа» (малое царство), его пророческий образ. Всякий человек в своей жизненной участи проходит через критический момент, переживая свой эрос, порой отравляющий смертельными ядами, порой осеняющий небесными откровениями, – а вслед за тем ему открывается преображенный Эрос Царства Небесного, «где не женятся и равны Ангелам». Эти слова означают: не изолированные существа или пары, но супружеское единение мужского и женского, двух образов единой плеромы во Христе.

Альфа соединяется с омегой: по словам святой Астерии, первые слова Адама: «плоть от моей плоти» были раскрытием мужского начала в отношении женского, в их целостности.

ПОДЛИННАЯ ЦЕЛЬ БРАКА

Современное различие, проводимое на Западе, между объективной целью (произрождение) и целью субъективной (супружеское общение) не вполне удовлетворительно, ибо не дает представления об основной иерархии. Тексты Православной Церкви, в том случае, если они свободны от влияния западного богословия, единогласно усматривают цель супружеской жизни в самих супругах. В догматическом богословии митрополита Макария мы встречаем следующее, наиболее близкое к нам по времени, весьма ясное и развернутое определение, в котором нет и речи о произрождении. «Брак есть Таинство: супруги обещают хранить верность друг другу пред лицом Церкви, им сообщается Божественная благодать чрез благословение, получаемое от служителя Церкви. Она освящает их союз и делает их достойными олицетворять духовный союз Христа и Церкви».

После грехопадения померк первичный свет. Говоря о прелюбодеянии, святой апостол Павел вместо слова «плоть», термина сложного, употребляет: *одно тело* (*1Кор.6:16*), и от этого еще резче выступает духовное одиночество, утрата общения. *Ориген* останавливает свое внимание на первой главе Книги Бытия, где идет речь о мужчине и о женщине; вступая в естественный союз, человек становится представителем своего рода, подчиняется приказанию, данному царству животных:

«Плодитесь и размножайтесь». Человек обретает бессмертие в потомстве, и спешит обрести, с лихорадочным пылом отдаваясь произрождению, уверенность в этом бессмертии. Только Евангелие открывает нам, что человек имеет вечную жизнь не в потомстве, не в своем роде, но во Христе, что он сбрасывает с себя ветхого человека и «обновляется по образу Того, Кто его сотворил». Брак ставит человека на путь такого обновления. Рассказ об установлении брака содержится во второй главе Книги Бытия, там говорится о «единой плоти», но даже не упоминается о произрождении. Сотворение женщины прямое следствие слов: «Нехорошо человеку быть одному». Супружеское общение – одна из основ личности, потому что именно «мужчина–женщина» – образ Божий. Во всех текстах Нового Завета, где идет речь о браке, дается тот же образ супружеских отношений и ничего не говорится о плодовитости (*Мф.19*, *Мк.10*, *Ефес.5*). Появление на свет человека завершает сотворение мира, которое происходит постепенно. Человек очеловечивает мир и придает ему человеческое и духовное значение. Именно в человеке сексуальная дифференциация обретает свой смысл и свою особую ценность, независимо от рода. Во время господства Закона Бог, осуществляя Свое домостроительство, давал повеление размножаться, дабы продолжался род, умножался избранный народ, имея в виду цель – рождение Мессии. Между тем при новозаветном домостроительстве благодати рождение избранных совершается благодаря проповеди веры. Ребро, из которого была извлечена женщина, уже теперь не играет той утилитарной роли, какую ему придает социологическая концепция. Современные арабы говорят: «Он – мое ребро», что означает: «неразлучный друг».

Святой *Иоанн Златоуст* заявляет еще в IV веке: «Было два основания для установления брака... чтобы мужчина довольствовался одной женщиной и чтобы рождались дети, но первое основание – главное. Что касается произрождения, то брак не обязательно влечет его за собой... доказательством этому служат многие супружеские пары, которые не могут иметь детей. Вот почему основная цель брака – это упорядочить половую жизнь, особенно теперь, когда род человеческий расселился по всей земле».

* * *

По образу любви Бога Творца человеческая любовь старается «изобрести» предмет, на который она могла бы излиться. Бытие мира ничего не прибавляет к полноте бытия Бога в Себе; между тем благодаря миру Он обретает Свое качество Бога; Он Бог не для Себя, но для Своего творения. Подобным же образом супружеский союз есть некая полнота в себе. При всем том этот образ в своем преизобилии может обрести новые качества: отцовство и материнство.

Дитя, появившееся на свет в результате супружеского союза, продолжает его и вновь укрепляет уже установившееся совершенное единство. Любовь изливается на свой отблеск в мире и порождает дитя. И «когда родит младенца, женщина уже не помнит скорби от радости, потому что родился человек в мир», новое лицо призвано стать иконой Божией.

Материнство – это особая форма женской «кенозы» (умаление). Мать отдается своему ребенку. Частично умирает ради него, следует примеру любви Бога, нисходящей к человеку, повторяет в известном смысле слова святого Иоанна Крестителя: «Мне умаляться, а ему расти». В материнской жертве присутствует меч, о котором говорит Святой Богоприимец. Принося свою жертву, каждая мать склоняется над Иисусом распятым.

Культ Матери–Девы знаменует собой призвание каждой женщины, присущую ей харизму, дар оказывать защиту и помощь. В мире все возрастает число людей, которые живут, как бы оставленные Богом. Их существование – это призыв ко всякому христианскому очагу, призыв обнаружить свое супружеское священнослужение, осуществить свою подлинную природу домашней церкви, которая получает лишь для того, чтобы давать, и проявляет с великой силой сострадание и оказывает помощь, дабы возвратить Отцу Небесному Его блудных детей.

ДОМАШНЯЯ ЦЕРКОВЬ

Климент Александрийский называет брак «домом Божиим» и прилагает к нему слова о присутствии Господа: *Я посреди них* (*Мф.18:20*). Между тем, по словам святого *Игнатия Антиохийского*: «Где Христос, там и Его *Церковь*», – из этого нам становится ясно виден церковный характер супружеской общины. И далеко не случайно святой апостол Павел развивает свое основное учение о браке в своем Послании к Ефесянам, где идет речь о Церкви, он говорит о «домашней церкви» («э кат ойкон екклесиа») (*Рим.16:4*), и вслед за ним святой *Иоанн Златоуст* упоминает о «малой церкви», «экклесиа микра». И здесь не простая аналогия. Символика, содержащаяся в Священном Писании, выявляет весьма тесное соответствие между различными планами бытия, показывая, что они представляют собой различные выражения единой реальности.

В четвертом Евангелии (*Ин.2:1–11*) первое чудо совершается Иисусом Христом на свадьбе в Кане Галилейской. Уже самое вещество, послужившее для сотворения этого чуда – вода и вино – напоминает нам о Голгофе и предвещает рождение Церкви на Кресте: из пронзенного ребра *истекла кровь и вода* (*Ин.19:34*). В символике сближается и объединяется место свершения чуда, свадьба, с евхаристической сущностью Церкви.

Присутствующий на свадьбе Христос сообщает жениху и невесте сакраментальный дар. Именно об этом даре говорит апостол Павел в следующих словах: «Каждый получает от Бога свой особый дар». Под действием благодати вода естественных страстей преобразуется в «плод лозный», в благородное вино, которое означает пресуществление в «новую любовь», любовь харизматическую, возносящуюся до Царства Небесного.

Вот почему Матерь Божия, подобно Ангелу Хранителю, склоняется над бедствующим миром: *Вина нет у них* (*Ин.2:3*), – говорит Она. Дева хочет этим сказать, что былое целомудрие, как целостность существа, иссякло. Существует лишь тупик, в котором оказалось мужское и женское естество. Сосудов, предназначенных для «иудейского очищения», уже недостаточно; однако «прежнее уже миновало»; очищение путем омовения становится крещением, баней паки бытия, чтобы иметь доступ на евхаристическую вечерю единого и единственного Жениха.

Вмешательство Девы ускоряет события: *Что скажет Он вам, то сделайте. Всякий человек подает сперва хорошее вино, а потом худшее* (*Ин.5:10*); хорошее вино, которое пьют на свадьбе, означает лишь мимолетное обещание, и быстро иссякает; брачная чаша пустеет. Таков естественный закон. В Кане Галилейской мы видим обратный порядок: *а ты хорошее вино сберег доселе* (*Ин.2:10*). Это *доселе* и есть настоящее, принадлежащее Христу, и оно не подлежит изменению. Чем больше супруги соединяются во Христе, тем более их общая чаша, мера их жизни, наполняется вином Каны Галилейской, становится чудом.

В Кане Галилейской Иисус Христос явил славу Свою в стенах «екклезиа доместика». В самом деле, эта свадьба является браком жениха и невесты с Иисусом Христом.

Это Он возглавляет свадьбу в Кане Галилейской и, по словам святых отцов, возглавляет всякую христианскую свадьбу. Это Он – единый и единственный Жених, голос Которого слышит друг и радуется. Духовная высота мистического брака души с Христом, прямым образом которого является брак, присуща и всякой душе и Невесте-Церкви.

Всякая благодать в полной своей мере достигается путем жертвы. Жених и невеста получают ее в тот момент, когда, осуществляя свое священническое достоинство, дают обет предстать перед Отцом Небесным и принести Ему во Христе в разумном служении в жертву свою супружескую жизнь. Благодать священнического материнства супруги создают и образуют супружеское существо по образу Церкви.

Любя друг друга, супруги любят Бога. Каждая минута их жизни выражает царственную доксологию, их служение становится нескончаемым литургическим песнопением. Святой *Иоанн Златоуст* делает следующий прекрасный вывод: «Брак – это таинственная икона Церкви».

ТАИНСТВА

Великий литургик XIV века, *Николай Кавасила*, следующим образом определяет Таинства: «Вот путь, который начертал нам Господь, дверь, которую Он открыл... вновь проходя по этому пути и через эту дверь, Он возвращается к людям». Действительно, после своего вознесения Иисус Христос возвращается, принимая участие в священном домостроительстве Духа Святого. Это домостроительство обнаруживается в истории и занимает место чудес, совершавшихся во время земной жизни Спасителя.

Классическое определение гласит: «Таинство есть священнодействие, в котором в видимом образе невидимая благодать Божия сообщается верующему». Таинство не есть только символ, подтверждающий обещания, данные Богом, и не способ оживления веры и доверия; оно не только дает, но и содержит в себе благодать и является сосудом и вместе с тем орудием спасения и, подобно Церкви, самим спасением.

Самой природе Церкви присуще единение видимого и невидимого. *Церковь* – это непрестанно длящаяся Пятидесятница, и она изливает преизбыток благодати сквозь все формы своей жизни. Однако благодаря установлению Таинств (узаконенная церковная область, ее правомерная область, область действия освящающей благодати) имеет место порядок, полагаются пределы, ограничивающие всякого рода беспорядочные сектантские посягательства на пятидесятницу, и в то же время заложено для всех и каждого несокрушимое основание, объективное и универсальное, благодатной жизни.

Дух дышит, где хочет, но в Таинствах, при наличии необходимых условий, установленных Церковью, и в силу обещания, данного Господом, дары Святого Духа, Его «сошествия» обретают свою направленность и удостоверяются Церковью. Таким образом, во всяком Таинстве на первом месте воля Божия, полагающая начало этому действию, затем следует само действие, Таинство и, наконец, *Церковь* свидетельствует о сообщенном ей и полученном ею даре.

В богослужении первых веков «аксиос» (выражение согласия) или «аминь», произнесенные народом, сопровождали и закрепляли всякое сакраментальное действие. В конечном итоге, все Таинства приводили к Евхаристии, которая благодаря присущей ей полноте, завершала свидетельства Церкви. Такого рода всеобщий «консенсус» – факт внутренней жизни Церкви. Таинство всегда событие, совершающееся в Церкви, посредством Церкви и для Церкви, оно исключает все, что удаляет человека от церковного общения. Таким образом, перед совершением Таинства брака жених и невеста приступают к Евхаристии, включаясь в общение со всеми верующими в своем новом супружеском образе жизни. Соучаствуя в Евхаристии, верующие свидетельствуют о сошествии Святого Духа, вот почему Таинства всегда входили в состав евхаристической литургии.

Мир окутан мраком, но этот мрак только потому и различим, что его пронизывают лучи света, который «просвещает всякого человека, грядущего в мир». «Врата ада не одолеют Церкви», потому что до конца света Таинства, эти огненные стрелы, будут возвещать о спасительной силе благодати, начертывая пламенеющий путь к Царству Небесному.

Уже давно для массы верующих Таинство перестало быть тайной, соучаствовать в которой они приглашаются всякий раз при его совершении, перестало открывать им во всей его полноте мир небесный, и стало только «обрядом», «религиозным долгом», привычной формой, которая может стать такой же пустой, как любой символ, относящийся к социальной жизни. А между тем эта «форма» исполнена присутствием Божьим, о чем напоминают нам страшные в своем реализме слова Библии: «Разуйся; ибо это место свято». Благодаря присутствию Святого Духа *Церковь* объемлет весь мир, и в ней – смысл его бытия. Дух Святой раздвигает стены Церкви до пределов вселенной, и именно в Церкви расцветают цветы, растет трава, человек рождается, любит, умирает и воскресает.

Вещество Таинства – это не только «видимый символ», но естественный субстрат, который преображается благодаря наличию Божественных энергий. В Таинстве брака это вещество – любовь мужа и жены. В 7 новелле (гл. 1) Юстиниана говорится: «Брак совершается только благодаря любви», а по словам *Иоанна Златоуста* любовь соединяет любящих и соединяет их с Богом. Под воздействием «эдемской благодати» Таинства любовь преображается в харизматическое общение. В своем Послании к Ефесянам святой апостол Павел показывает, что супружеская любовь в малом виде – субстанциональный образ брачной любви Христа и Церкви.

РАЙСКОЕ УСТАНОВЛЕНИЕ

Об установлении брака в раю говорит весьма древняя, прочно укоренившаяся традиция. Говоря о браке, Господь ссылается на Ветхий Завет: не *читали ли вы* (*Мф.19:4*; *Мк.10:2–12*). То же говорит и святой апостол Павел (*Ефес.5:31*). *Климент Александрийский* ясно высказывается: «Сын лишь подтвердил то, что установил Отец». В сотворении человека Климент усматривал Таинство крещения, а в союзе любви первой супружеской четы – Божественное установление Таинства брака. Он говорит даже о «райской благодати брака». В силу этой благодати христианский брак в какой–то мере приобщается к супружескому состоянию прародителей ДО ГРЕХОПАДЕНИЯ.

Климент говорит гораздо больше: «Бог создал человека – мужчину и женщину; мужчина символизирует Христа, женщина символизирует *Церковь*». Любовь Христа и Церкви становится прообразом брака и таким образом предшествует человеческой чете, ибо Адам сотворен по образу Христа, а Ева – по образу Церкви. Теперь нам становится понятным. Почему первая чета и все остальные четы уподобляются этому единственному образу. Святой апостол Павел высказался по существу: «Тайна сия велика; я говорю по отношению ко Христу и к Церкви», тайна, «мистерион» обозначает здесь наличие некоего неиссякаемого сокровища, которым будут вечно пользоваться. Таким образом, брак восходит своими корнями к райскому бытию, предшествовавшему грехопадению; будучи прообразом супружеских отношений, он открывает смысл наименования «Израиль», а затем Церкви: супруга Ягве. Ни грехопадение, ни время не затронули ее священной реальности. В православном чине бракосочетания говорится: «Ни первородный грех, ни потоп не осквернили святости брачного союза». Святой *Ефрем Сирин* добавляет: «От Адама до Господа подлинная супружеская любовь была совершенным таинством». В исполненных мудрости писаниях раввинов супружеская любовь рассматривалась как единственный источник благодати, даже у язычников. Святой Августин учит тому же: «Христос в Кане Галилейской подтверждает то, что Он создал в раю». Святой *Иоанн Златоуст* говорит: «Христос принес нам дар, и этим даром Он возвеличил причину». Патриарх Иеремия II в своем послании к протестантским богословам указывает на Книгу Бытия (2:24), и заявляет, что Таинство брака было только подтверждено в Новом Завете (то же ты встречаем в Эклоге (2:12) и в энциклике восточных патриархов). В самом деле Иисус Христос ничего не установил нового в Кане Галилейской, однако Его присутствие вновь придало ценность браку и возвысило до его онтологической полноты.

РАДОСТЬ

Анамнез (воспоминание) о рае – нечто большее, чем простое напоминание, в его обновленной благодати мы находим объяснение той особой радости, какая свойственна браку: «возрадуемся и возвеселимся», *блаженны званые на брачную вечерю Агнца* (*Апок.19:9*). Во Второзаконии (24:5) говорится, что каждый новобрачный освобождается от всяких обязанностей, даже от военной службы, для того чтобы «радовать свою жену и делать ее счастливой». «Жена сообщает полноту и непрестанное утешение мужу», – говорит святой *Иоанн Златоуст*. В чине бракосочетания мы постоянно слышим эти светлые слова: «да возвеселятся они», «да возвеселись их радостью», «Исайе, ликуй», «и ты, жена, пребывай в радости... и обретай радость твою в муже твоем». Можно даже интуитивно предчувствовать, что без супружеской любви первой четы рай утратил бы нечто от своей полноты и уже не был бы раем. В Таинстве брака «вспоминается» рай и Царство Небесное, и оно позволяет на земле пережить в какой-то мере эдемическое состояние; это и есть «райская благодать», о которой говорит *Климент Александрийский*, и она побуждает нас вознестись от земли к небесным красотам. Как прекрасно говорит Поль Клодель, душа исполняется радости, «не так, как сытая корова, которая пережевывает траву, а как юная кобылица, вкусившая соли из рук своего хозяина... Сквозь щели дверей вместе с утренним ветром врывается благовоние райских трав».

В Кане Галилейской, в обители первой христианской четы, Слово и Дух возглавляют вечерю, и посему там пьют новое вино, чудесное вино, дарующее неземную радость. Это и есть «трезвое опьянение», о котором говорит святой *Григорий Нисский* и в котором обвиняли апостолов в день Пятидесятницы. Брачная Пятидесятница «все творит заново». Союз Бога с Его народом – брачный союз. Иерусалиму даются наименования: невеста Ягве, супруга Агнца. В чине бракосочетания неслучайно упоминается пророк Исайа, ибо он воспевает Божественную радость: «Ты уже не будешь называться оставленной... ибо Ягве возрадуется о тебе... и как невеста составляет радость жениха своего, ты станешь радостью Бога твоего!».

СОВЕРШИТЕЛЬ ТАИНСТВА

Святой *Игнатий Антиохийский* заявляет в своем послании к Поликарпу: «Пусть те, которые вступают в брак, заключают свой союз только с одобрения епископа». Епископ возглавляет совершение литургии и присутствует на брачном пиршестве. О благословении, которое дает священник, упоминается в Седьмом Неокесарийском каноне. Во всяком случае, в конце IV века *Церковь* уже непосредственно принимает участие в бракосочетании верных. К обетам, даваемым женихом и невестой, присоединяются следующие обряды: вручение колец, поцелуй, соединение рук священником и «общая чаша». Брачный венец появляется во второй половине III века и входит во всеобщее употребление у христиан. Святой *Иоанн Златоуст* раскрывает смысл этой христианской символики. Этот «обряд венчания» стоит в центре византийского чина бракосочетания и является основным моментом Таинства. В Каппадокии, в Антиохии, в Константинополе епископы возлагают на головы жениха и невесты брачный венец (по свидетельству святого *Григория Назианзина* и святого *Иоанна Златоуста*). В Армении этот обряд появляется во время понтификата Нарсеса I в IV веке, так же как и в Египте.

Благословение приобретает юридическое значение, и, начиная с 895 года, религиозный момент получает такое важное значение, что в гражданское законодательство вводится церковный обряд в целях узаконивания брака: «Брак входит в силу после религиозного благословения, посему если кто-нибудь женится без этого благословения, то брак считается недействительным» (Новелла 89). Хризобулла Алексея I Комнена в 1092 году распространяет это предписание на рабов. В синодальном декрете Михаила Анхиала от 1177 года ясно говорится, что брак совершается не по воле вступающих в соглашение жениха и невесты, но благодаря Таинству. В «Трактате о семи Таинствах», написанном монахом Иовом Язитом (в конце XIII века) говорится, что Таинство совершает священник или епископ. В XVII веке Николай Булгарис в своем «Катехизисе» (Верона, 1681 год) утверждает, что сущность Таинства в соединении супругов, а форма – в благословении. Ту же доктрину развивает Мелетий Сиригос (XVIII век): священник является совершителем Таинства, установленного свыше; давая свое согласие, жених и невеста свидетельствуют о том, что они свободны от других обязательств, но благодать дается только при совершении обряда. Жених и невеста ни в коем случае и никоим образом не могут быть совершителями Таинства. Начиная с XIII века (Лионский Собор) и в последствии при *Петре Могиле* и патриархе Досифее брак почитается одним из семи Таинств, и совершает его священник.

Незаурядное богатство и разнообразие обрядов в византийском и не–византийском чине бракосочетания Православной Церкви, значение, придаваемое достойному воспеванию его тайны, ясно показывают, как высоко оценивается на Востоке супружеская любовь.

ТАИНСТВО БРАКА В ВИЗАНТИЙСКОМ ОБРЯДЕ

Мы приводим здесь византийский чин бракосочетания.

ОБРУЧЕНИЕ

По совершении Божественной литургии священник остается в святилище. Желающие соединиться в браке стоят перед святыми дверьми, жених справа, а невеста слева. На правой стороне престола лежат друг возле друга два их кольца, золотое и серебряное, серебряное кольцо справа от золотого.

Священник спрашивает жениха и невесту, по доброй ли воле они хотят соединиться. Удостоверившись в согласии жениха и невесты, он трижды осеняет крестным знамением головы жениха и невесты и вручает им зажженные свечи, затем он вводит их внутрь храма, держа в руке кадило.

Диакон говорит: Благослови, владыка.

И священник громко: Благословен Бог наш всегда, ныне и присно и во веки веков.

Хор: Аминь.

Диакон: Миром Господу помолимся. О свышнем мире и о спасении душ наших Господу помолимся. О мире всего мира, благосостоянии святых Божиих церквей и о соединении всех Господу помолимся. О святем храме сем и с верою, благоговением и страхом Божиим входящих в него Господу помолимся. О нашем архиепископе, о честном пресвитерстве, во Христе диаконстве, обо всем клире и людях Господу помолимся.

О рабе Божием (имя) и рабе Божией (имя), ныне обручающихся друг другу, и о спасении их Господу помолимся. О даровании им чад для продолжения рода и всего, просимого ими для спасения, Господу помолимся. О ниспослании им любви совершенной, мирной и помощи, Господу помолимся. О том, чтобы сохраниться им в единомыслии и твердой вере, Господу помолимся. О том, чтобы благословиться им в непорочной жизни, Господу помолимся. Дабы Господь Бог наш даровал им брак честной и ложе неоскверненное, Господу помолимся. О том, чтобы избавиться нам от всякой скорби, гнева и нужды, Господу помолимся. Заступи, спаси, помилуй и сохрани нас Боже, Твоею благодатью.

Хор после каждого из этих прошений отвечает: Господи, помилуй.

Пресвятую, Пречистую, Преблагословеную славную Владычицу нашу Богородицу и Приснодеву Марию со всеми святыми, помянувши, сами себя, друг друга и всю жизнь нашу Христу Богу предадим.

Хор: Тебе, Господи.

Священник: Ибо подобает Тебе всякая слава, честь и поклонение, Отцу и Сыну и Святому Духу ныне и присно и во веки веков.

Хор: Аминь.

Далее священник громко произносит следующую молитву: Боже вечный, разделенных собравший воедино и соделавший им союз любви неразрушимый, благословивший Исаака и Ревекку и избравший их наследниками Твоего обетования, Сам благослови и рабов сих (имена), наставляя их на всякое дело благое. Ибо Ты Бог милостивый и человеколюбивый и Тебе славу воздаем Отцу и Сыну и Святому Духу ныне и присно и во веки веков.

Хор: Аминь.

Священник: Мир всем.

Диакон: Главы ваши пред Господом преклоните.

Хор: Тебе, Господи.

Священник: Господи Боже наш, из народов предобручивший Себе *Церковь*, Деву чистую, благослови обручение сие и сохрани рабов Твоих в мире и единомыслии. Ибо Тебе подобает всякая слава, честь и поклонение, Отцу и Сыну и Святому Духу ныне и присно и во веки веков.

Хор: Аминь.

Тогда священник, взяв кольца, дает сначала жениху золотое, затем невесте – серебряное. И говорит жениху:

Обручается раб Божий (имя) с рабой Божией (имя) во имя Отца и Сына и Святого Духа. Аминь.

Затем говорит невесте:

Обручается раба Божия (имя) с рабом Божиим (имя) во имя Отца и Сына и Святого Духа. Аминь.

Он повторяет эти слова над каждым из них трижды и совершает крестное знамение кольцом на их голове, затем надевает кольца на палец правой руки.

Потом восприемник (шафер) меняет кольца жениха и невесты.

Священник произносит следующую молитву: Господи Боже наш, сопровождавший в Месопотамию раба патриарха Авраама, посланного найти жену господину его, Исааку, и открывший, что ему обручена Ревекка, в ответ на просьбу принесшая воды, Сам благослови обручение рабов Твоих, сего (имя) и сей (имя) и утверди сказанное ими слово. Утверди их в святом союзе, основанном Тобой. Ибо Ты в начале создал мужской пол и женский и от Тебя сочетается мужу жена в помощь и для продолжения рода человеческого. Ты Сам, Господи Боже наш, даровавший истину наследию Твоему и обетование Твое рабам Твоим, отцам нашим, из родов и родов избранникам Твоим, воззри на раба Твоего (имя) и на рабу Твою (имя) и утверди обручение их в вере и единомыслии и в истине и любви. Ибо Ты, Господи, научил давать залог и твердо хранить его. Через перстень дана была власть Иосифу в Египте, через перстень прославился Даниил в стране Вавилонской; через перстень была явлена истина Фамари; через перстень Отец наш Небесный явил щедрость к сыну Своему: «Дайте, сказал он, перстень на десницу его и, заколов тельца откормленного, станем есть и веселиться». Сама десница Твоя, Господи, Моисея облекла силой в Чермном море. Ибо Словом Твоим истинным небеса утверждены и основана земля, и десница рабов Твоих благословится Словом Твоим державным и рукою Твоею высокой. Ты Сам и ныне, Владыка, благослови перстней надевание сие благословением небесным, и Ангел Твой да шествует перед ними во все дни жизни их. Ибо Ты благословляешь и освящаешь все и всех и Тебе славу воздаем Отцу и Сыну и Святому Духу ныне и присно и во веки веков. Аминь.

Затем произносится ектения и отпуст (если чин бракосочетания не следует тотчас же за обручением).

БРАКОСОЧЕТАНИЕ (ЧИН ВЕНЧАНИЯ)

Если хотят в то же время венчаться, то выходят в притвор и входят в храм с зажженными свечами. Священник идет впереди с кадилом, и поют псалом 127, и присутствующие после каждого стиха говорят: Слава Тебе, Боже наш, слава Тебе.

Блаженны все, боящиеся Господа.

Ходящие на путях Его.

Плоды трудов твоих ты вкусишь.

Блажен ты и благо тебе будет.

Жена твоя словно лоза плодовитая в стенах дома твоего.

Сыны твои, словно молодые маслины, окрест трапезы твоей.

Так благословен будет человек, боящийся Господа.

Благословит тебя Господь с Сиона, и узришь ты благополучие Иерусалима во все дни жизни твоей.

И узришь сынов сыновей твоих. Мир Израилю.

В этом месте в русском ритуале добавляется: После сего священник говорит жениху и невесте поучительное слово, поясняя, в чем тайна супружества и как они должны в супружестве жить богоугодно и честно.

Окончив слово, священник спрашивает жениха: Имеешь ли ты (имя) благое и непринужденное намерение и твердое желание взять себе в жены сию (имя), которую видишь здесь перед собою?

Жених отвечает: Имею, честной отец.

Священник продолжает: Не давал ли ты обещания другой невесте?

Жених отвечает: Не давал обещания, честной отец.

Тогда священник, повернувшись к невесте, спрашивает ее: Имеешь ли ты благое и непринужденное намерение и твердое желание взять себе в мужья сего (имя), которого видишь здесь пред собою?

И отвечает невеста: Имею, честной отец.

Священник продолжает: Не давала ли ты обещания другому жениху?

И отвечает невеста: Не давала обещания, честной отец.

Диакон говорит: Благослови, владыка.

Священник: Благословенно Царство Отца, и Сына, и Святого Духа ныне и присно и во веки веков.

Хор: Аминь.

Затем диакон произносит ектению: В мире Господу помолимся.

Хор после каждого прошения поет: Господи, помилуй.

О свышнем мире и о спасении душ наших Господу помолимся. О мире всего мира, о благосостоянии святых Божиих церквей и о соединении всех Господу помолимся. О святом храме сем и с верою, благоговением и страхом Божиим входящих в него Господу помолимся. О архиепископе нашем, честном пресвитерстве, во Христе диаконстве, обо всем клире и людях Господу помолимся.

О рабах Божиих (имя и имя), ныне сочетающихся друг с другом в брачном общении, и о спасении их Господу помолимся. О благословении брака сего, подобно браку в Кане Галилейской, Господу помолимся. О даровании им целомудрия и плода чрева на пользу Господу помолимся. О том, чтобы возвеселились они, видя сыновей и дочерей, Господу помолимся. О даровании им благого потомства и безупречного существования Господу помолимся. О даровании им и нам всего, просимого ко спасению, Господу помолимся. О том, чтобы избавиться им и нам от всякой скорби, гнева и нужды, Господу помолимся, Заступи, спаси, помилуй и сохрани нас, Боже, Твоею благодатью. Пресвятую, Пречистую, Преблагословенную славную Владычицу нашу Богородицу и Приснодеву Марию со всеми святыми помянувши, сами себя, друг друга и всю жизнь нашу Христу Богу предадим.

Хор: Тебе, Господи.

Священник: Ибо подобает Тебе всякая слава, честь и поклонение Отцу и Сыну и Святому Духу ныне и присно и во веки веков.

Хор: Аминь.

Диакон: Господу помолимся.

Хор: Господи помилуй.

Затем священник громким голосом произносит первую молитву Таинства брака:

Боже Пречистый и всей твари Создатель, Ты из человеколюбия ребро праотца Адама в жену преобразил и благословил их, говоря: Растите и умножайтесь и обладайте землею, и сочетав, со делал двух одним существом. Посему оставит человек отца своего и мать и прилепится к жене своей, и будут два одною плотью; и что Бог сочетал, того человек да ее разлучает. Ты благословил раба Твоего Авраама и разверз ложесна Сарры к сотворил его отцом множества народов; Ты даровал Исаака Ревекке и благословил ею рожденное; Ты сочетал Иакова с Рахилью и произвел от него двенадцать патриархов; Ты сочетал Иосифа и Асенефу и даровал им плод, рожденный ими, Ефрема и Манассию; Ты приял Захарию и Елисавет и соделал чадо их Предтечей; Ты от кореня Иессеева по плоти взрастил Приснодеву и из нее воплотился и родился на спасение рода человеческого; Ты по неизреченной Твоей благодати и великой милости пришел в Кану Галилейскую и благословил там брак, дабы показать, что согласны с Твоей волей законное супружество и деторождение. Сам, Владыка Пресвятой, прими моление наше, рабов Твоих, и придя сюда, незримо присутствуя, благослови брак сей и даруй рабам Твоим сим (имя и имя) жизнь мирную, долголетие, целомудрие, друг к другу любовь в союзе мира; потомство долголетнее, в чадах благодать, неувядаемый славы венец. Сподоби их видеть чад детей их, ложе их от козней соблюди; и даруй им росу небесную свыше и обилие земное; наполни дома их пшеницей, вином и елеем и всякими благами, дабы они раздавали их нуждающимся; даруй также и находящимся с ними все, просимое ко спасению. Ибо Ты Бог Милостивый и щедрый и человеколюбивый, и Тебе славу воздаем с Безначальным Твоим Отцом и Пресвятым и Благим и Животворящим Твоим Духом ныне и присно и во веки веков.

Хор: Аминь.

Диакон: Господу помолимся.

Хор: Господи, помилуй.

И священник громким голосом произносит вторую молитву Таинства брака:

Благословен Ты, Господи Боже наш, тайного и чистого брака Совершитель и Освятитель, и телесного союза Законодатель, непорочности Хранитель, житейского благой Устроитель! Сам и ныне Владыка, в начале создавший человека, и поставивший его царем твари, и сказавший: «Не хорошо быть человеку одному на земле, сотворим ему помощника, подходящего ему». И взяв одно из ребер его, создал жену, увидев которую Адам сказал: «Сия ныне кость от костей моих и плоть от плоти моей; она наречется женой, ибо от мужа своего была взята она; посему оставит человек отца своего и мать и прилепится к жене своей, и будут два одною плотью, и *что Бог сочетал, того человек да не разлучает»* Сам и ныне, Владыка Господи Боже наш, ниспошли благодать Твою небесную на рабов Твоих сих (имя и имя), и даруй рабе сей во всем повиноваться мужу и рабу Твоему сему быть главой жены, да поживут они по воле Твоей. Благослови их, Господи Боже наш, как благословил Ты Авраама и Сарру. Благослови их, Господи Боже наш, как благословил Ты Исаака и Ревекку. Благослови их, Господи Боже наш, как благословил Ты Иакова и всех патриархов. Благослови их, Господи Боже наш, как благословил Ты Иосифа и Асенефу. Благослови их, Господи Боже наш, как благословил Ты Моисея и Сепфору. Благослови их, Господи Боже наш, как благословил Ты Иоакима и Анну. Благослови их, Господи Боже наш, как благословил Ты Захарию и Елисавет. Сохрани их, Господи Боже наш, как сохранил Ты Ноя в ковчеге. Сохрани их, Господи Боже наш, как сохранил Ты Иону во чреве кита. Сохрани их, Господи Боже наш, как сохранил Ты трех отроков от огня, ниспослав им росу с неба. И да низойдет на них та радость, какую испытала блаженная Елена, когда обрела она Честной Крест. Помяни их, Господи Боже наш, как помянул Ты Еноха, Сима, Илию. Помяни их, Господи Боже наш, как помянул Ты Твоих сорок мучеников, ниспослав им с неба венцы. Помяни, Боже, и воспитавших их родителей, ибо молитвы родителей утверждают основания домов. Помяни Господи Боже наш, рабов Твоих, друзей жениха и невесты, пришедших участвовать в радости сей. Помяни, Господи Боже наш, раба Твоего (имя) я рабу Твою (имя) и благослови их и даруй им плод чрева прекрасных чад, согласие душевное и телесное. Возвысь их, как кедры ливанские, как лозу богатую побегами. Даруй им семена в колосьях, да имеют всего вдоволь и умножают всякие добрые дела, Тебе угодные. И да узрят они сынов сыновей своих, словно младые маслины окрест трапезы их. И угождая Тебе, да воссияют они, словно светила на небе, в Тебе, Господе нашем.

С Тобою же слава, честь и поклонение, безначальному Твоему Отцу и Животворящему Твоему Духу, ныне и присно и во веки веков.

Хор: Аминь.

Диакон: Господу помолимся.

Хор: Господи, помилуй.

И священник произносит громким голосом третью молитву Таинства брака:

Боже Святой, Ты создал из праха человека и из ребра его воссоздал жену, и сочетал с ним помощника, ему подходящего, ибо так угодно было Твоему величию, чтобы не одному быть человеку на земле. Сам и ныне, Владыка, простри руку Твою из святого жилища Твоего и сочетай раба Твоего сего (имя) и рабу Твою сию (имя), ибо Тобою сочетается с мужем жена. Соедини их в единомыслии, венчай их как единую плоть, даруй им плод чрева, пошли им прекрасных чад.

Ибо Твоя держава и Твое Царство и сила и слава, Отца и Сына и Святого Духа ныне и присно и во веки веков.

Хор: Аминь.

После «аминь» священник берет венцы и венчает сначала жениха, говоря: Венчается раб Божий (имя) с рабой Божией (имя) во имя Отца и Сына и Святого Духа.

Затем он венчает и невесту, говоря: Венчается раба Божия (имя) с рабом Божиим (имя) во имя Отца и Сына и Святого Духа.

Далее священник трижды благословляет их, говоря всякий раз: Господи Боже наш, славою и честию венчай их.

Затем диакон говорит: Внемлем.

И чтец говорит стих прокимна Апостола (*Пс. 20:4*), глас 8: Положил Ты на главах их венцы из камней драгоценных. Стих: Жизни просили они у Тебя, и дал Ты им.

Диакон: Премудрость.

Чтец: К Ефесянам Послания святого апостола Павла чтение (5:20–33).

Диакон: Внемлем.

Братия! Благодаря всегда за все Бога и Отца, во имя Господа нашего Иисуса Христа, повинуясь друг другу в страхе Божием. Жены, повинуйтесь своим мужьям, как Господу, потому что муж есть глава жены, как и Христос Глава Церкви, и Он же Спаситель тела. Но как *Церковь* повинуется Христу, так и жены своим мужьям во всем. Мужья, любите своих жен, как и Христос возлюбил *Церковь*, и предал Себя за нее, чтобы освятить ее, очистив банею водною посредством слова; чтобы представить ее Себе славною Церковью, не имеющею пятна, или порока, или чего-либо подобного, но дабы она была свята и непорочна. Так должны мужья любить своих жен, как свои тела; любящий свою жену любит самого себя. Ибо никто никогда не имел ненависти к своей плоти, но питает и греет ее, как и Господь Церковь, потому что мы члены тела Его, от плоти Его и от костей Его. Посему оставит человек отца своего и мать и прилепится к жене своей, и будут двое одна плоть. Тайна сия велика; я говорю по отношению ко Христу и к Церкви. Так каждый из вас да любит свою жену, как самого себя; а жена да боится своего мужа.

Аллилуйа (*Пс.11:8*), глас 1: Ты, Господи, сохранишь нас и соблюдешь нас от рода сего и во веки.

Диакон: Премудрость. Стойте. Услышим святое Евангелие.

Священник: Мир всем.

Хор: И духу твоему.

Священник: От Иоанна святого Евангелия чтение (2:1–11).

Хор: Слава Тебе, Господи, слава Тебе.

Диакон: Внемлем. Священник читает Евангелие:

В то время был брак в Кане Галилейской, и Матерь Иисуса была там. Был также зван Иисус и ученики Его на брак. И как недоставало вина, то Матерь Иисуса говорит Ему: «Вина нет у них». Иисус говорит Ей: «что Мне и Тебе, Жено? еще не пришел час Мой». Матерь Его сказала служителям: «что скажет Он вам, то сделайте». Было же тут шесть каменных водоносов, стоявших по обычаю очищения иудейского, вмещавших по две или по три меры. Иисус говорит им: «наполните сосуды водою». И наполнили их до верха. И говорил им: «Теперь почерпните и несите к распорядителю пира». И понесли. Когда же распорядитель отведал воды, сделавшейся вином, – а он не знал, откуда это вино, знали только служители, почерпавшие воду, – тогда распорядитель зовет жениха и говорит ему: «всякий человек подает сперва хорошее вино, а когда напьются, тогда худшее; а ты хорошее вино сберег доселе». Так положил Иисус начало чудесам в Кане Галилейской и явил славу Свою; и уверовали в Него ученики Его.

Хор: Слава Тебе, Господи, слава Тебе.

Диакон произносит следующую ектению: Скажем все от всей души и от всего помышления нашего скажем:

Хор трижды отвечает: Господи, помилуй.

Так же и после каждого из последующих прошений.

Диакон: Помилуй нас, Боже, по великой Твоей милости; Молимся Тебе, услышь и помилуй. Еще молимся о милости, жизни, мире, спасении, посещении рабов Божиих (имя и имя) ныне сочетавшееся в общей жизни в браке.

И диакон поминает еще, кого хочет.

Затем священник говорит громким голосом: «Ибо Ты Бог Милостивый и Человеколюбивый и Тебе славу воздаем Отцу и Сыну и Святому Духу ныне и присно и во веки веков».

Хор: Аминь.

Диакон: Господу помолимся.

Хор: Господи, помилуй.

И священник произносит следующую молитву: Господи Боже наш, в спасительном Твоем Промысле благоизволивший в Кане Галилейской Твоим присутствием показать почетность брака, Сам ныне рабов Твоих (имя и имя), которых Ты благоволил сочетать друг с другом, сохрани в мире и единомыслии; соделай честным их брак, соблюди неоскверненным их ложе. Даруй им пребывать в непорочном сожительстве, и сподоби их достигнуть старости маститой, чистым сердцем исполняя заповеди Твои. Ибо Ты Бог наш, Бог милующий и спасающий и Тебе славу воздаем со Безначальным Твоим Отцом и Всесвятым и Благим и Животворящим Твоим Духом ныне и присно и во веки веков.

Хор: Аминь.

Диакон: Заступи, спаси, помилуй и сохрани нас, Боже, Твоею благодатью.

Хор после этой просьбы отвечает: Господи, помилуй; а после всех следующих: Подай, Господи.

Диакон: Дня сего совершенного, святого, мирного и безгрешного у Господа просим. Ангела мирного, верного наставника и хранителя душ и тел наших, у Господа просим. Прощения и оставления грехов и прегрешений наших у Господа просим. Доброго и полезного душам нашим и мира миру у Господа просим. Остальное время жизни нашей в мире и покаянии закончить у Господа просим. Христианской кончины жизни нашей и доброго ответа на Страшном Суде Христовом у Господа просим. Соединения веры и причастия Святого Духа испросивши, сами себя, друг друга и всю жизнь нашу Христу Богу предадим.

Хор: Тебе, Господи.

Священник возглашает: И сподоби нас, Владыка, с дерзновением неосужденно осмеливаться призывать Тебя, Небесного Бога Отца, я говорить:

Хор: Отче наш...

Священник возглашает: Ибо Твое Царство и сила и слава, Отца, Сына и Святого Духа ныне и присно и во веки веков.

Хор: Аминь.

Священник: Мир всем.

Хор: И духу твоему.

Диакон: Главы ваши Господу преклоните.

Хор: Тебе, Господи.

Тогда приносится общая чаша, и священник благословляет ее и произносит следующую молитву.

Диакон: Господу помолимся.

Хор: Господи, помилуй.

Священник: Боже, все сотворивший крепостью Твоею, и утвердивший вселенную, и украсивший венец всего сотворенного Тобой. Подавая сию общую чашу сочетающимся для брачного общения, благослови ее благословением духовным.

И возглашает: Ибо благословенно имя Твое и прославлено Царство Твое, Отца, Сына и Святого Духа ныне и присно и во веки веков.

Хор: Аминь.

Тогда священник берет рукой общую чашу и дает трижды испить сначала жениху, потом невесте. *И* тотчас священник трижды обводит их вокруг аналоя, причем шафер, идя за ними, держит над ними венцы. И поет священник или присутствующие следующий тропарь, глас 5: Исайе, ликуй. Дева имела во чреве и родила сына Эммануила, Бога и человека, Восток имя Ему. Его величая, Деву прославляем.

Другие тропари, глас 7: Святые мученики, пострадавшие и увенчанные, молите Господа, да помилует Он души наши.

Слава Тебе, Христе Боже, апостолов хваление, мучеников радость, которые проповедывали Троицу Единосущную.

Затем священник снимает венцы. Снимая венец жениха, он говорит: Будь возвеличен, жених, подобно Аврааму, и благословен, подобно Исааку, и умножайся, подобно Иакову, ходя в мире и исполняя в правде заповеди Божьи.

Снимая венец невесты, он говорит: И ты, невеста, будь возвеличена подобно Сарре, и возвеселись подобно Ревекке и умножайся, подобно Рахили, радуясь о своем муже, храня пределы закона, ибо так угодно Богу.

Диакон говорит затем: Господу помолимся. Хор: Господи, помилуй.

И священник читает следующую молитву: Боже, Боже, наш, пришедший в Кану Галилейскую и благословивший там брак, благослови и рабов Твоих, по Твоему Промыслу сочетавшихся для брачного общения. Благослови их входы и выходы, продли среди благ жизнь их, восприими венцы их в Царстве Твоем, соблюдая их неоскверненными и непорочными и неоклеветанными во веки веков.

Хор: Аминь.

Священник: Мир всем.

Хор: И духу твоему.

Диакон: Главы ваши Господу преклоните.

Хор: Тебе, Господи.

И священник читает следующую молитву: Отец, Сын и Святой Дух, Всесвятая и Единосущная и Живоначальная Троица, единое Божество и Царство да благословит вас и да подаст вам долголетие, хороших чад, преуспевание в жизни и в вере, и да исполнит вас всех благ земных. Да сподобит вас и воспринять обещанные блага молитвами Святой Богородицы и всех святых.

Хор: Аминь.

Затем подходят и поздравляют новобрачных и после того, как они поцеловались, священник совершает отпуст:

Диакон: Премудрость.

Хор: Честнейшую Херувим и славнейшую без сравнения Серафим, без истления Бога Слова рождшую, сущую Богородицу Тя величаем.

Отпуст: В Кане Галилейской присутствием Своим воздавший честь браку, Христос, истинный Бог наш, молитвами Пречистой Своей Матери, святых славных и всехвальных апостолов, святых: Богом венчанных царей, равных апостолам Константина и Елены, святого великомученика Прокопия и всех святых помилует и спасет нас, ибо Благ Он и Человеколюбец.

КРАТКИЕ ПОЯСНЕНИЯ К ТАИНСТВУ БРАКА

При совершении обручения надеваются кольца, отсюда название: «обряд колец». Обычно и обряд венчания следует тотчас же за обручением, и при его совершении надеваются венцы. Оба эти чина совершаются во время одной службы.

После Божественной литургии, за которой жених и невеста принимают Святые Тайны, они становятся перед царскими вратами, мужчина перед иконой Иисуса Христа, а женщина перед иконой «Феотокос» (символ Церкви). Они предаются размышлениям, взирая на этот первообраз брака, согласно святому апостолу Павлу, – союз Христа и Церкви.

Два кольца кладутся в самом сердце святилища, в алтаре, на престоле; таким образом, они касаются тайны Царства Небесного и, будучи символами новой участи, обозначают тот диапазон, в который Таинство должно ввести новобрачную чету.

Священник принимает от жениха и невесты уверение в том, что они в полноте свободы предстают перед лицом Божьим. Он благословляет их зажженными венчальными свечами, которые они и держат потом в руках во время совершения службы. Свет этих свечей напоминает о том, что было в начале: *да будет свет*

(*Быт.1:3*); он говорит также о бытии прародителей до грехопадения и напоминает о слонах, какие были сказаны в раю при установлении супружеского единства. С другой стороны, пламя свечей – напоминание об огненных языках, сошедших на апостолов в Пятидесятницу, жених и невеста пребывают в ожидании сошествия благодати, своей супружеской Пятидесятницы.

Священник кадит жениху и невесте, начертывая над ними кадилом крест. Этот символический жест имеет отношение к истории Товия: дым прогонял демонов и очищал и освящал место. На пороге новой жизни начертан крест, обладающий великой защитной силой. Крест очистил воздух и освободил вселенною от власти демонов, учит святой *Афанасий Великий*.

После совершения ектений священник произносит первую молитву: «Боже вечный...», прося, чтобы Божественная благодать соединила то, что было рассеяно, и соделала нерушимыми узы любви. В этих словах как бы слышится отзвук древнейшей евхаристической молитвы, содержащейся в «Дидахе» (глава 9): «Как сей преломляемый хлеб, некогда рассеянный в горах, был собран и стал единым целым, так и *Церковь* Твоя да будет собрана воедино со всех концов земли». Любовь жениха и невесты, вдохновленная свыше, уподобляется и становится родственной евхаристическому общению.

Вторая молитва ставит нас перед Божественным первообразом брака: брак Христа и Церкви. По своей глубине она уподобляется вдохновенным словам святого *Иоанна Златоуста*: брак отнюдь не образ чего–либо земного! В коптском чине в этом месте упоминается об истории Елиезера, управителя Авраама. Бог сопутствует ему в путешествии и открывает ему, как узнать избранницу. Таким образом, Бог направляет шаги тех, которые должны встретиться. Его Промысел о любящих подтверждается Его благословениями.

Третья молитва не менее богата смыслом и открывает значение обучения. Смысл получения колец и обмена ими между женихом и невестой великолепно развит в армянском и сирийском чинах, где по древнему обычаю обмен крестильными крестами весьма ясно символически выражает вручение друг другу своей участи. В сирийском чине в момент кульминации слышатся такие слова: «Сколько тайн сокрыто и заключено в сиянии колец!.. Господь Иисус Христос обручился с Церковью, и Своей кровью даровал ей приданое, и сковал ей кольцо из Своих крестных гвоздей...».

В молитве византийского чина речь идет об Иосифе: царская печать, вырезанная на камне, вправленном в перстень, был символом его власти и залогом, подтверждающим доверие и верность ему царя. Точно так же в упоминаемой в молитве истории пророка Даниила, брошенного в ров ко львам, царь приложил свою печать, которая обеспечивала освобождение пророка и была тем же залогом верности ему. Фамарь, вызванная на суд судьей Иудой, показывает кольцо, которое напоминает судье об его обещании и принуждает его сохранить ему верность. И, наконец, блудному сыну, вернувшемуся домой, отец велит надеть на палец кольцо, символ дарованного ему прощения и восстановленного царственного достоинства.

Встреча жениха и невесты как бы запечатлена свыше кольцом Божественного обещания. Это в миниатюре история человечества: дитя Божие спасено благодаря верности Отца, Человеколюбца, любящего людей. Действие Божественной любви немедленно сопровождается царственным даром: «Да шествует Ангел Господень перед ними во все дни жизни их». Это впечатляющий символ соединения их в единое существо и принятия единой участи: Ангел супружеского единства ведет их к Царству. В иконографии Ангел брака носит одежду небесно–голубого цвета, символизирующего небесную целостность.

* * *

На Западе в состав древней римской литургии входил обряд «велатио», напоминавший об образе «покрывала», встречающемся у святого апостола Павла; «покрывало» – это символ девственности, скромности и подчиненности. На Востоке замужние женщины постоянно носили покрывало. В восточном чине венчания покров заменен венцом, который говорит о царственной свободе супругов и об их равенстве в смысле взаимной самоотдачи. Здесь ярче выступает достоинство женщины, которая является подругой, равной своему спутнику, поскольку оба они вместе выражают образ Божий.

Чин венчания начинается с пения псалма 127, включенного в службу бракосочетания с IV века. Особое значение имеет конец псалма, ради которого он и поется, и нужно вдуматься в его скрытый смысл. Те же самые слова встречаются в центральной молитве Таинства миропомазания (конфирмации): «Да воздаст он Тебе славу и да созерцает все дни жизни своей блага Иерусалима...». Священническое посвящение на жизнь, исполненную служением Господу, завершается чисто эсхатологическим видением, ибо речь идет именно о небесном Иерусалиме. Точно так же в псалме 127 призывается Господь и испрашивается у Него благословение с Сиона. Это название обозначает одновременно и место спасения (*Ис.46:13*), и Иерусалим, синоним Царства Мессии, который в писаниях раввинов и в апокалиптической литературе называется горним Иерусалимом, невестой Господа. После входа Господня Иерусалим символизирует Христа и Его прославленное Тело, Мистическую *Церковь*, место, где совершается история спасения.

С самого начала этот призыв, имеющий столь глубокий смысл, сразу же возвышает новобрачных над всем земным. Им открывается непреходящее, единственно истинное призвание супружества: «во все дни жизни своей» человек, стоя на земле, взирает на Восток и всем своим существом испытывает небесную радость; совершающаяся на земле свадьба полагает начало восхождению на Сион в Фаворском свете.

В молитвах, которые следуют за ектенией, упоминаются имена патриархов и даются благословения, все это объединяет Ветхий и Новый Заветы в единое домостроительство спасения. События, о которых идет речь в этих молитвах, свидетельствуют и восхваляют непреложную верность Божию. Величественная процессия патриархов завершается двумя праведными четами – Захарией и Елизаветой и Иоакимом и Анной. Эти две четы произвели на свет два прообраза для всего рода человеческого: первообраз мужского существа – святого Иоанна Крестителя и первообраз женского существа – Пресвятую Деву, «Невесту Неневестную», от «Которой без брака родился Спаситель», Царственный Жених на вечере мудрых дев. Таким образом, брак становится под знаком чудесного Рождения Рабы Божьей и друга единого Жениха.

Вот почему в молитвах неоднократно слышится прошение о супружеском целомудрии и неоскверненном ложе. В них упоминается о свадьбе в Кане Галилейской и приводятся символы преображенной любви, удостоенной харизмы. Знаменательная встреча девственности и брачного состояния говорят о едином источнике и о единой полноте, в которой воссоединяются две тайны человеческой жизни со времен чуда в Кане Галилейской.

Это подтверждается напоминанием об Енохе, Илии и Симе. Бог взял этих пророков живыми на небо. Предание гласит, что этого же был удостоен и Сим, сын Ноя. Это упоминание имеет весьма важное значение: соединяющиеся в браке стоят перед образами людей, вознесшихся на небо, как бы предваряя Вознесение Господа нашего Иисуса Христа; земная природа не препятствует совместному духовному вознесению новобрачных.

Это чудесное равновесие небесного и земного возвращает к конкретной жизни. Накануне великих праздников благословляют пшеницу, вино и елей, символизирующие непрестанное изобилие плодов земли, «альма матер», исходя из этого символического момента, благословение распространяется на всю вселенную и освящает ее плодоношение, хозяином и устроителем которого является человек. В молитве чина бракосочетания идет речь о том же и определяется цель владения земными благами: «да раздают их нуждающимся», «ради спасения». Изобилие пиршественной радости делает человека более чувствительным, открытым и внимательным к другим и побуждает его оказывать помощь всем одиноким, страждущим и удаленным от Бога. Супруги отныне становятся для всех вторым лицом, они олицетворяют для всех того нищего, богатеющего в Боге, и бедного брата всех людей, спасение которых ему так дорого.

В первой молитве чина венчания призывается, поясняется и становятся явным событие в Кане Галилейской. «По неизреченной Твоей благодати и великой благости Ты пришел в Кану Галилейскую и благословил там брак, дабы показать, что законное супружество согласно с Твоей волей... прими молитву рабов Твоих и невидимо присутствуй здесь».

В Евангелии увенчивается славой всякое деяние, совершенное во Христе, его завершение свидетельствуется и прославляется Святым Духом, Жених и Невеста, пред лицом присутствующего Христа, венчаются славой, которой ознаменовано образование их единого существа, и священник возносит их на эту высоту, произнося «эпиклезу» Таинства: «Господи Боже наш, венчай их славой и честью». Это основной момент Таинства – брачная Пятидесятница, нисхождение Святого Духа, создающее новую тварь.

В коптском обряде смысл Таинства ясно подчеркивается помазанием жениха и невесты, напоминающем о харизматическом помазании, символе даров Пятидесятницы. В молитве об освящении мира говорится: «Ты, чистым даром маслины помазавший священников, царей и пророков (тройственное достоинство царственного священства), молим Тебя ниспослать благословение Твое на сие миро... Да будет оно миром освящения, помазанием целомудрия, светом и неоскверненной красотой». Хор поет: «Это миро духов святых...». Помазание сообщает благодать супружеской святости. То, что было разделено, соединяется, Ангел супружеского единения присутствует как небесный свидетель творящего Слова, звучащего здесь с новой силой: «Он создал его по образу Божьему... Он сотворил их... и дал им имя Человек». Радость, звучащая в песнопениях этой службы дает почувствовать в какой мере слова священнической молитвы Господа (*Ин.17:22*): *Я дал* им славу, *да будут едино,* относятся к той славе, какая была явлена в Кане Галилейской и с тех пор осеняет всякую христианскую свадьбу. Эти слова точно определяет супружескую любовь и Таинство брака.

Главная молитва чина венчания весьма многое открывает, она объемлет начало и конец человеческой участи и соединяет их.

В самом деле, описывая величие человека на заре его жизни, святой апостол Павел в своем Послании к Евреям (2:7) говорит: Ты *славою и честью увенчал его.* Апокалипсис объемлет конец истории и заканчивается видением нового Иерусалима, куда «народы приносят свою Славу и свою честь». Не с пустыми руками люди достигают брегов Царства Небесного, они несут дары Святого Духа – славу и честь. Но те же самые слова, выражающие первоначальное обещание и его осуществление – рай и Царство Небесное, мы слышим во время совершения Таинства брака: жених и невеста венчаются славой и честью.

Итак, брак оказывается точкой соединения альфы и омеги человеческой участи.

Чин венчания начинается с упоминания о сорока Севастийских мучениках, которым Бог ниспослал с неба венцы. Не менее знаменательно упоминание о святом Прокопии. В его житии повествуется о том, что он убедил невесту стать причастными путем мученичества небесному браку. Все это вспоминается во время процессии вокруг аналоя, этой брачной пляски, когда поется тропарь мучеников: «Святые мученики, доблестно пострадавшие и увенчавшиеся, молите Господа, да помилует Он души наши». Таким образом, сочетающиеся браком в своей взаимной любви как бы произносят эту замечательную молитву мучениц: «Тебя, Жених мой, люблю, и тебя ища, принимаю муки и распинаюсь и погребаюсь крещением Твоим, и страдаю за Тебя, дабы жить с Тобою».

На камне в древних обручальных кольцах были вырезаны два профиля, соединенные крестом. Совершенная любовь это любовь распятая. Вот почему все венцы символизируют терновый венец Спасителя, дающий им смысл. На протяжении всей своей жизни супруги будут слышать отдаленные отзвуки тропаря святых мучеников.

Святой *Иоанн Златоуст* видит в венце символ брачной аскезы, необходимой для достижения целомудрия, целостности существа. Замечательно, что в этом чине нет ни малейших следов страха перед полом, ни тени подозрения или презрения. Молитва о брачном целомудрии не имеет ничего общего с укоренившимся представлением о браке как о «средстве против вожделения», она испрашивает совсем другого, чуда преображения эроса. Плотский грех не есть грех плоти, но грех духа против плоти, против святости и непорочности воплощения.

Благодать Таинства, призывающая к преображению инстинктивной сексуальности, открывает новые просторы, в которые любовь вступает вечно юной, обновленной и девственной, очищенной от заблуждений прошлого.

Свобода нравов, господствующая в современном мире, парадоксальным образом, в силу резкого контраста, сопряжена с тайной жаждой чистоты и прикровенности. Величие супружеского единства обусловливает победу, но не победу тирана, который угнетает, ограничивает и в конце концов упраздняет любовь, а победу господина и владыки, имеющего власть преображать. На мрачном фоне современного пресыщенного эротизма, умирающего от скуки, любовь снова оказывается захватывающим и единственно значительным свершением, при котором человеческое существо касается неба не только подобно поэту, но онтологически, благодаря харизме супружеской святости.

В некоторых древних рукописях, а также на одной иконе святого Архангела Михаила изображается двуликий сатана, у которого одно из лиц находится внизу живота – символ раздвоения и распада личности в результате демонического вожделения. Это крайнее извращение девственного начала. Для его преодоления необходимо глубокое сакраментальное проникновение в человеческую природу, потому–то брак и является Таинством, которое должно восстановить утраченное целомудрие. *Климент Александрийский* говорит о «райской благодати», которая возвращает человеческому духу первоначальную целостность. По древней традиции только по истечении семи дней снимались символические венцы. Эти семь дней, в течение которых новобрачные пребывали в строгом воздержании, помогали человеку овладеть собой, и были равносильны монашескому послушничеству; это время проводили в молитве, дабы подготовиться к тайне любви. Современные свадьбы, на которых объедаются и упиваются, и поспешность, которая глубоко ранит любовь, невыгодно отличаются от мудрого древнего обычая, подводившего к смыслу Таинства брака. «Не самый путь труден, но сама трудность есть путь», – эти слова Кьеркегора вполне можно приложить к браку, вознесенному на высоту.

Любовь таинственна; она приходит внезапно и может так же внезапно уйти; ее убывание до полного исчезновения еще более непостижимо, чем ее рождение. Естественная любовь, узаконенная в современном обществе, становится жертвой человеческого непостоянства. Никакие чисто человеческие обещания не исполняются. «Амур» (любовь) и «тужур» (всегда) рифмуются только в поэзии «ранней любви». Поэтому нам становится понятным настойчивое повторение в Таинстве брака молений, испрашивающих чуда, харизмы, и непрестанные молитвы о «совершенной любви», «нерасторжимом союзе», «любви друг к другу» и «нежной дружбе»: «Господи, воспламени сердца жениха и невесты огнем любви, – говорится в халдейском чине, – и да пробуждаются они всякое утро в радости...». «Когда простреш Ты десницу

Твою, да дарует Тебе Господь желаемое тобою. И когда прострешь ты левую руку, да поможет тебе Господь» (Благословение новобрачных, составленное святым *Ефремом Сириным*).

Сколь велико доверие Бога к нам, если Он доверяет нашим слабым рукам человеческое существо, участь! Только любовь, которая причастна Божественной Любви, может взять это на себя. «Откуда ты знаешь, что не спасешь ближнего своего?» Этот вопрос, заключающий в себе ответ, подобно разящему мечу, умерщвляет в человеке индивидуальное, отъединенное, его «самость». По словам святого *Иоанна Златоуста*, истинный муж не останавливается перед смертью, «Ты для меня драгоценней моей души», – говорит он своей жене. Жак де Саруг (IV–V в.) в своем трактате «О покрове Моисея» задает вопрос. «Какой супруг, кроме вашего Господа, когда-либо умирал за свою супругу, и какая супруга когда-либо избрала себе в супруги Распятого?.. Мужчина и женщина дали повод коснуться этой тайны, будучи лишь тенью и образом последней. Пользуясь именами мужчины и женщины, Моисей в своем рассказе о сотворении человека, выразил великую тайну, сокрыв ее покрывалом. Апостол открыл ее во всем блеске всем, населяющим землю, и слова Моисея предстали в ярком свете: «Два стали одним»».

После совершения чина венчания чтец произносит стих 4 псалма 20: «Ты возложил на главы их венец из камней драгоценных». Украшенные символическими венцами, новобрачные слушают Послание святого апостола Павла к Ефесянам (5:20–33) и Евангелие от святого Иоанна Богослова (2:1–2). Приведенные нами тексты, столь богатые смыслом, раскрывают основную сущность брака, его евхаристическую природу. Эта мысль превосходно выражена в халдейском чине: «В своем брачном чертоге супруг подобен древу жизни, произрастающему в Церкви. Плоды его насыщают, а листва его исцеляет». «Супруга подобна чаше из чистого золота, наполненной до краев молоком и окропленной каплями крови». – «Да пребывает во веки Святая Троица в сем брачном чертоге!»

Вверяя свою любовь божественной любви, супруги возносят свои сердца к Божественному сердцу, живым образом которого является евхаристическая чаша. Прославленная икона «Троица» Рублева напоминает нам об этом. Тайные нити связывают чудо в Кане Галилейской с Крестом и жертвенной чашей, и нам приоткрывается смысл обряда вкушения вина из общей чаши.

В «ейкологии» упоминается о благословении чаши. Начиная с XI века, этот чин в общих чертах воспроизводит литургию Преждеосвященных Даров. В кодексе Барберини говорится, что общая чаша была евхаристической. У армян и у эфиопов бракосочетание совершается во время литургии. Святой Симеон Фессалоникийский дает описание обычаев, бытовавших в XV веке: «Священник берет чашу, содержащую Преждеосвященные Дары, и возглашает: «Преждеосвященная Святыня святым»...». Он причащает новобрачных... Потому что Святое Причастие усовершает и закрепляет брак... Далее священник дает им испить из «общей чаши». В настоящее время жених и невеста причащаются во время утренней литургии. Во время Таинства жениху и невесте предлагается только «общая чаша», и таким образом они вместе пьют из общей чаши жизни.

За этим чином следует некое подобие процессии. Этот обряд символизирует брачную пляску, совершавшуюся в древности. Во главе процессии идет священник, держа соединенные руки жениха и невесты. В армянском чине раскрывается значение этого обряда: священник олицетворяет собою Бога Творца и воспроизводит Его жест: «Взяв руку Евы, Бог вложил ее в руку Адама». Святой *Григорий Назианзин* в письме к своему другу Анисию, извиняясь перед ним, что не может присутствовать на свадьбе его дочери, говорит, что он мысленно соединит руки жениха и невесты.

Шествуя впереди новобрачных, священник трижды обводит их вокруг аналоя, меж тем как шаферы, идя вслед за ними, держит над ними венцы. Процессия сопровождается пением стихиры, взятой из службы Рождеству Христову: «Исайе, ликуй» и тропаря: «Святые мученики...».

Троекратное хождение вокруг аналоя трижды подчеркивает символ круга. Ограды вокруг храмов и стены, какими были обнесены древние города, имели геометрическую форму круга; круг символизирует вечность и присущую ей охранительную силу. Таково значение литургических процессий вокруг храма; воспроизводя образ вечности, они преображают обычное пространство в священное пространство. Если священное, литургическое время утоляет нашу тоску по вечности, то священное пространство утоляет нашу жажду потерянного рая и предвосхищает Царство Небесное. Путь супружеской жизни уже не является простым маршрутом, его пронизывает ось вечности, с этого времени их общий путь уподобляется неподвижной оси вращающегося колеса.

В заключительной молитве высказывается просьба: «Благослови их входы и выходы». Тексты Второй Книги Царств (3:25), Третьей Книги Царств (3:7); Евангелия от Луки (13:24), говорят о значении, какое всегда придавалось «входам». Тот, кто умеет с достоинством входить и выходить – господин своей участи.

В последней молитве мы видим переход из вечности во время, в ней дается благословение на долгую жизнь и многочисленное потомство. Но в отпусте дается напутствие и упоминаются имена святых равноапостольных Константина и Елены, «узревших Крест Твой начертанным в небе» (слова тропаря, входившего в состав древнего чина). Их царственное достоинство, осененное торжествующим Крестом, напоминает о царственном священстве супругов. Но эти святые преимущественно прославляются как равноапостольные за распространение веры Христовой. Последний аккорд, звучащий в этом обряде, призывает новобрачных к апостольской миссии: они должны засвидетельствовать веру всей своей жизнью, своим супружеским священством.

Сексуальность и супружеское целомудрие

Проблема

Сексуальность как таковая никогда не получала удовлетворительного объяснения, и, быть может, никогда и не получит. Трансцендентностью нашему сознанию эдемического состояния объясняются известные колебания святоотеческой мысли в этой области. Некоторые святые отцы полагают, что сексуальная дифференциация является результатом грехопадения. Однако такая гипотеза не убедительна. Человек был сотворен как мужчина–женщина до грехопадения, и супружеское единение, несомненно, угодно Богу и благословлено Им: «И увидел Бог все, что Он создал и это было очень хорошо».

Некоторые утверждения святых отцов носят явно педагогический характер: «Для нас полезно относиться с подозрением к супружеской жизни, – говорит *Ориген*, – потому что эта мысль побуждает нас устремляться к совершенству». Отсюда только один шаг к крайней спиритуализации, к ангелизации, и *Ориген* неосмотрительно переступает его. Очевидно, плоть является препятствием, однако требуется менее упрощенное разрешение проблемы.

В Евангелии не содержится никакой «системы этики». Поразительная новизна суждений Господних объясняется не тем, что они вытекают из моральных принципов, но исключительно абсолютной ценностью, присущей Царству Божьему и любви Царя. К принципу добра самое большее относятся с уважением, но добро любят, когда оно – живое Лицо, Бог; таким экзистенциальным восприятием Добра объясняются все евангельские парадоксы. Таким образом «грешная жена» не «предается сатане» (как об этом учит педагогика апостола Павла), но получает прощение, «потому что она возлюбила много» (*Лк.7:47*), что означает в данном контексте, что она глубоко восчувствовала Его прощение и проявила великую любовь к Господу. Если святой апостол Павел в качестве пастыря советует избегать людей «дурной жизни», то именно к таким людям Иисус Христос, Властитель душ, обращается с весьма глубокими словами.

Тайный смысл, содержащийся в тексте, где идет речь о «скопцах ради Царства Небесного» (*Мф.19:12*), весьма сложен, так как требование абсолютного относится в равной мере как к женатым, так и к девственникам: «Когда Христос заповедует следовать тесным путем, Он обращается не к монахам, но ко всем людям... Из этого следует, что и монах, и мирянин должны достигать тех же самых высот», – учит святой *Иоанн Златоуст.*

Хорошо известные слова – «нецеломудренные не войдут в Царство Небесное» – обычно истолковываются как осуждение прелюбодеяния. Между тем, согласно Евангелию, именно богатые не войдут в Царство. Известное отношение к ближнему может проистекать из величайшего нецеломудрия. Суждения Господни, выносящие прощение естественным грехам, резко контрастируют с крайне строгим осуждением духовных проступков.

В «личных советах» святого апостола Павла относительно брака обнаруживается его мизогения, и они даются с установкой на Страшный Суд; поскольку времени остается мало, заботы о вещах мира сего осуждаются. Всякое желание угодить своей жене наносит ущерб человеку и мешает ему всецело отдаваться служению Господу. Между тем то, что святой апостол Павел требует от вдовиц (Тим.5:4–10), и что *угодно Богу,* а именно «всецело надеяться на Бога и постоянно пребывать в молитве и добрых делах» – разве все это недоступно в полной мере и замужним женщинам?

Ригористическое направление мысли, враждебное чувственности, стремится огульно отождествить плоть с эросом и грехом. Между тем подобный образ мысли был чужд Церкви в эпоху Вселенских Соборов. На Трулльском Соборе было высказано на тему о непристойности, что зло заключается в нечистых плотских помышлениях, в воображении, которое побуждает дух к «сознательному произволению», отсюда вытекает аскетический принцип «поста, налагаемого на очи», духовного очищения. Уже на Первом Вселенском Соборе, приверженцы крайнего аскетического течения хотели в обязательном порядке ввести безбрачие духовенства под тем предлогом, что литургисание и совершение Таинства Евхаристии якобы несовместимы с супружеской жизнью, Епископ Пафнутий, монах и строгий аскет, настоял на том, чтобы было постановлено Собором, что священники должны быть женатыми. На Гангрском Соборе (IV век) подверглось суровому осуждению (IV канон) всякое презрение к супружеским отношениям на том основании, что «брак сам по себе достоин уважения и непорочен»; будучи освященным, он становится целомудренным. Святой Амфилохий, епископ Иконийский (+394), высказывает глубоко православное суждение: брачное состояние и девственность в равной мере почетны, ибо они установлены Самим Богом.

На заре христианства благородная закваска, заложенная в языческую плоть мира, должна была выражаться в девственности. Церковное сознание оформлялось и углублялось под стимулирующим натиском ересей. Однако должно было пройти долгое время, чтобы могло выработаться еще более богатое и универсальное понятие.

Надо признать, что ходячее представление о браке явно недооценивает его достоинства. Он столько раз явно или косвенно подвергался осуждению, что супружеские отношения стали обременять совесть. Известные слова «интер фецес ет уринам несцимур», при своей навязчивой упрощенности, базируются на ветхозаветных текстах: «Вот я в беззакониях зачат и во грехах родила меня мать моя», – причем забывается, что эти тексты были созданы ДО ВОПЛОЩЕНИЯ СЫНА БОЖЬЕГО; привычка ссылаться на них ведет к превратному истолкованию евангельского понимания плоти и греха. Отсюда – чрезвычайная убогость сексуального регламента, обычно преподносимого в преподавании, и не подлежит сомнению, что именно под его влиянием многие супружеские пары живут неполной жизнью.

Между тем будущее мира зависит от разрешения этой проблемы, соответствующего значению человека. Отнюдь не «вопреки браку», но именно благодаря его осуществлению супруги переживают сверхъестественность и святость своего единения. Счастливая любовь ее имеет истории, о ней не пишут в литературе. Супружеская «кеноза» открывает свою тайну лишь очам Божиим, и больше никому. Не приводя бесполезных сравнений, остановим внимание на столь уравновешенных поучениях святого *Иоанна Златоуста*: «Совершенные супруги ничем не ниже монаха»; «они могут проявлять еще большие добродетели, чем монашествующие». Но, конечно, вступая в брак, точно так же, как становясь монахом, всегда идешь на огромный риск...

СОВРЕМЕННЫЙ МИФ О СЕКСУАЛЬНОСТИ

«Благомыслящая» буржуазия, занятая вопросами пола, уже давно культивировала свободу легализированного спаривания. Реакцией на лицемерную викторианскую стыдливость XIX века было коллективное стремление освободиться от всяких ограничений, разоблачение всяческих сексуальных табу и беспрецедентный эротический разгул. Неотвязная мания сексуальности овладела общественным сознанием.

Даже на конгрессах специалистов уже нет речи ни о любви, ни об эросе, а только о сексуальности. Мы присутствуем при ее повсеместном разливе. Больше, чем когда–либо, становятся актуальными слова святого *Исаака Сирина*: «Мир – это женщина дурного поведения, которая привлекает к себе всех мужчин, взирающих на нее с вожделением к ее красоте».

Преподносимая крупным планом в кино, спроецированная на экраны и афиши, былая тайна сводится к навязчивому безобразному повторению детородных органов, к анатомии, возбуждающей нездоровое любопытство, быстро сменяющееся пресыщением. В результате всеобщей утери святыни любовь становится чем-то безличным и незначительным, сводится к простой физиологической разрядке.

Мрачное безразличие сменяется конвульсиями насекомых, гальванизированных на краткий миг. Занимаются любовью без любви, без радости и даже без наслаждения: уличная эротика, всем доступная, бездушная и лишенная всякой тонкости. Между тем систематическая и непрестанная деградация в конце концов приводит к весьма опасному снижению чувствительности и эротической возбудимости и угрожает преждевременной старостью, бессилием и притуплением всех чувств. Коллективная эротика народных масс, вульгаризация средств, всеобщее пресыщение, сильно беспокоит психиатров, которые начинают говорить о весьма странной «десексуализации» человечества. Возможно, что выход из перенаселенности всего мира подсказывает сама обессиленная природа, которая мстит за то, что ее профанировали. Человек, всецело отождествившийся с плотью, подвергается опасности истощения его жизненных сил, которые зависят от духовного начала. Опирающийся на вульгаризированный психоанализ, пансексуализм означает конец великих страстей. Распутник и пуританин, утратившие силу чувств и враждебные чувствам, в равной мере дегуманизируются. Новейший эротический конформизм оправдывает сексуальность.

Девственность, прекраснейший цветок мучеников, приносящая радость духовная ценность былых дней, соделалась тягостным бременем. Это непонимание девственности и ее эсхатологического призвания доходящее до презрительного к ней отношения как к «патологическому» явлению, содействует систематической деградации приверженцев современной эмансипации. Культ пола новой унылой религии, не имеет ничего общего даже с древним религиозным фетишизмом в этой области, который по крайней мере почитал его священным и признавал тайну; эта религия бессодержательная в своих профанациях, и ее адепты быстро деградируют и психически заболевают.

Современные романы, принадлежащие перу женщин, весьма симптоматичны в этом отношении, и читая их, поражаешься бесстыдству, непринужденному обнажению в демократическом духе, и полному отсутствию понятия о тайне. В настоящее время женщина и даже молоденькая девушка не «завоевывается», а попросту «отдается» от скуки и занимается любовью в поте лица. Не плоть разлагается, а дух, и овладевающее многими отвращение говорит о том, что дальше идти некуда; труп разлагается, но не двигается. На каждой странице этих произведений, не обнаруживающих таланта и лишенных глубины, бросается в глаза опасное признание, звучит все то же знаменательное слово: скука. Между пресыщением и смертью существует тайное родство. Следствием пресыщения всегда бывает отвращение. Шопенгауэр говорил, что необходимо делать выбор между скукой и страданием. Скука – нечто инфернальное, ибо она не имеет глубины и безысходна. Вот почему в молении о скорбящих, обращенном к Пречистой Деве, Ее называют «истребляющей греховную печаль». Итак, существует печаль, которая греховна, она проистекает из скуки и приводит к отчаянию, к состоянию «ацедиа» (уныние), которое аскеты определяют как смертный грех.

Любовь, отбросившая всякую духовность, имеет дело только с телами, в которых отсутствует душа, и вызывает духовную опустошенность. На смену формуле «для себя» приходит формула «для моего удовольствия», характерная для человека, умственно деградировавшего и ставшего обезьяноподобным. Рано или поздно всякий нигилизм приходит к самоуничтожению, ибо неизбежно задает себе роковой вопрос: «К чему это?»; сексуальный нигилизм уничтожает себя вопросом: «А что же дальше?». Сумасшедшие, маньяки все умножаются; как прискорбно признавать под гнетом статистических данных такое положение нормальным. Сам Эрос зевает при виде господствующей банальности и безличия.

Этот мир, носящий чересчур мужской характер, где женщина становится мужеподобной, становится все более и более безбожным миром, ибо в нем нет Матери «Феотокос», и Бог не может в нем родиться. Весьма симптоматично, что в такой атмосфере открыто признается наличие детского разврата, фактов кровосмешения и гомосексуальности.

Наряду с отношениями типа Кинсен процветают эротические однодневки, такие как «Дороги Фландрии», «Нимфочки» Набокова, «Любовники» Луи Малле, «Тропики» Миллера, «Отдых воителя» Кристианы Ошфор, «Мандарины» Симоны де Бовуар и «Освобожденные» герои удушливых теплиц Сартра. Такого рода литература верно отражает состояние современной души, для которой религиозное начало поглощено сексуальным, которое освящает последнее и заблевывает все на свете. Ударяясь в непристойности, при этом отрицают всякую вину и обнаруживают порок в самом сердце человека («Сад» Ж. Батайя). В десакрализированном мире водворяется пол, лишенный тайны, стерилизованный, вездесущий. Здесь уже невозможно не только подчинить любовь каким-то законам, но даже увидеть ее лицо. Для мрачного Фолкнера, говоря словами Шекспира, жизнь становится историей, «полной шума и ярости, написанной идиотом».

Лоуренсу, чрезвычайно тонкому писателю, несмотря на все его усилия, удается заменить духовный подъем только средствами сексуальной техники. Неудача, которую потерпела эротическая литература, весьма показательна. Заслуга Достоевского состоит в том, что он раскрыл начало эротики до самой последней его глубины. Когда Федор Павлович Карамазов в заключение рассказа о своем разврате, говорит о святотатстве, совершенном им над чудотворной иконой Святой Девы, он дает разрешение загадке. Подобным же образом в своей исповеди Ставрогин («Бесы») заявляет, что он предавался сексуальным излишествам, не испытывая при них никакого плотского наслаждением. Он быстро от этого отказывается и роковым образом переходах к наслаждениям более утонченного порядка. Совершив величайшую гнусность, в ужасе от содеянного им преступления, он не теряет ясности ума и может созерцать отчаяние чистой, невинной малютки, которую он растлил и которая признается ему, что она «убила Бога». Достоевский обнаруживает в похоти метафизическое начало, которое превосходит психическое и плотское и показывает, что она заводит человека в тупик, по существу религиозный и духовный.

Чем ночь черней, тем ярче звезды. На темном фоне еще более явно выступают подлинные, бессмертные ценности. В настоящее время стало уже совершенно ясным, что призвание к девственности не имеет ничего общего с самообманом, что это дар, приносимый человеком Богу. То, что при ней приносится в жертву человеческая любовь, также является даром, основанном на том же превышении земной природы, на том же ее преодолении в устремленности к Богу. Уравновешенная, закономерная аскеза открывает нам, что жизнь тела и души в безбрачии и в супружеском состоянии совершается как духовное искусство; целомудрие обнаруживается в основе этих двух состояний интегрального христианского гуманизма, устремленного к конечной цели.

Но до чего симптоматично то, еще не освещенное светом богословия состояние, в котором пребывает современный брак, при отсутствии прообраза супружеского существа! Брак святого Иосифа и Девы Марии в данном случае не может служить образом. Супружеское воздержание упраздняет эрос, не преображая его. И в настоящее время супруги, желающие достигнуть святости, должны сами изобретать...

ЦЕЛОМУДРИЕ

Современная психология глубин (Юнг) различает энергию пола и сексуальную энергию. Человеческое существо всецело сексуализировано, человек бывает до мозга костей мужчиной или женщиной. Энергия пола – это творческая сила, проистекающая из Духа; проникая в область физиологии, она частично преобразуется там в сексуальную энергию. В момент этого преобразования наличие аскетического самообладания решает судьбу данной личности.

В супружеской жизни открывается символическое значение сексуальности: в страстном стремлении к единству, к тому, чтобы стать единой плотью, она превосходит себя, и возникает жажда постигнуть реальности, которые она предчувствует и символизирует, а именно – стать единым существом. Любовь призывает к встрече в состоянии телесного возбуждения, но только духовное начало способно любви осуществить эту встречу, эмоциональный ток, остановка после пароксизма наслаждения приводят к самозамкнутости, удаляют человека от этой встречи и тотчас же разверзается головокружительная бездна. За кульминацией чувств следует сознание одиночества, за порывом к соединению – отступление. Тут надлежит воззвать к великой харизматической силе любви, ко всей нежности, присущей эросу, и к его стремлению к самовосполнению в другом существе – и только тогда может быть преодолена эта бездна. Нужно превзойти свое «для себя» ради достижения прозрачности взаимного чистого созерцания друг в друге. Не подлежит сомнению, что это деяние носит положительный характер и направлено к достижению целомудренной целостности существа.

Понятие целомудрия, «софоросини» означает прежде всего некое духовное качество, целостную «мудрость», великую силу целокупности и воссоединения всех элементов существования. Святой апостол Павел в Первом Послании к Тимофею (*1Тим.1:15*) говорит о спасении «посредством целомудрия», посредством воссоединения всех элементов человеческого существа в некое девственное целое, и это – событие по существу внутреннего, духовного порядка. В непосредственном смысле это эсхатологическое устремление к жизни будущего века, «когда люди будут подобны Ангелам». Понимать текст «спасение материнством посредством целомудрия» в чисто функциональном, а не в онотологическом смысле, значит явно извращать его смысл. За пределами цикла, посвященного деторождению, девственник порождает сам себя ради Страшного Суда. Точно так же в браке, если цикл рождений ведет к продолжению жизни через ряд последовательных смертей, этот цикл спасается «посредством целомудрия», благодаря которому материнство во всех его видах порождает новый эон; «таинство любви» – это таинство будущего века. Вот почему решающее значение имеет только персоналистский аспект супружеской любви. Супружеская чета, плодовитая или бесплодная, в равной мере превосходит функциональность, инстинктивность и страстность и персонализирует, делает девственной плоть, ставшую целостной до самых своих духовных глубин, до восстановления целомудренного существа. Ставить браку целью произрождение, значит иметь в виду пользу рода и сводить любовь к служебной, утилитарной сексуальности. Конечно, персоналистская концепция брака – чрезвычайно возвышенное его восприятие, она носит аристократический духовный характер и встречает препятствие в демократизации истин в человеческой массе, а также в лице ее руководителей, которым удобнее становиться на ее уровень и сводить брак к его сексуальной воспроизводительной функции. Вопрос Великого Инквизитора (у Достоевского) становится одним из самых актуальных: масса женатых людей не предназначена ли стать своего рода перегноем для произрождения меньшинства Божественных девственников?

Сексуальность превышается в силу своей символики; будучи символом единства, она превосходит самое себя, имея в виду духовную целостность единого существа. Только здесь брачное состояние становится на один уровень с монашеством, и оба они воссоединяются в эсхатологическом образе Царства Божьего. Напротив, социологическая концепция (произрождение) разделяет эти два состояния и противопоставляет их одно другому.

Монахи и женатые, ювелиры, обрабатывающие небесные камни, осуществляют целомудрие, довершая творение Божие. Мы это видим в диалектике, какую развивает святой апостол Павел по поводу обрезания (*Рим.2:26–29*). Святой апостол Павел развивает ее в духовном плане и рисует перспективы, идентичные с теми, какие раскрываются в его диалектике на тему о целомудрии. И глубокая родственность этих предметов позволяет нам воспользоваться этим текстом, соответственно изменив термины:

Если необрезанный (физиологически не девственный) *соблюдает постановления закона* (сохраняет духовное целомудрие), *то его необрезание не вменится ли ему в обрезание? И необрезанный по природе, исполняющий закон* (внутреннее согласование, превосходящее природу), не *осудит ли тебя...* («ты» здесь имеет отношение к юродивым девам притчи, которым физическая девственность не послужила на пользу). *Ибо не тот иудей* (человек духовно девственный, чей дух девствен), *кто таков по наружности* (физиологически), *и не то обрезание* (девственность), которое наружно, *ПО ПЛОТИ, но тот Иудей, кто внутренне таков* (целомудренный дух), *и то обрезание, которое в сердце, по духу, а не по букве; ему и похвала не от людей, но от Бога.*

Эта похвала дается в порядке предвосхищения «чина венчания» в Таинстве брака. В своем толковании на псалом 147 *Блаженный Августин* говорит: «Девственностью плоти обладает лишь небольшое число людей, а девственность сердца должна быть всеобщим достоянием».

До тех пор, пока психоаналитики будут стараться преодолеть иррациональное и бессознательное только светом разума, их метод будет оставаться бездейственным. Вполне можно отождествлять грех с болезнью, пост с вегетарианским режимом, аскетизм со спортивной гигиеной, однако при таких установках никто не будет иметь власть приказать: «Встань и ходи, и больше не греши!». Для того, чтобы изменить человеческую природу в одно мгновение, сказав: «Ныне же будешь со Мною в раю», или постепенно: «Будьте совершенны, как совершен Отец ваш Небесный», надо проявлять силу харизм и обладать сакраментальной властью отпускать грехи. Разумеется, кабинет психиатра не является святилищем, однако психиатр–христианин знает пределы своей науки, за которыми действует уже сила благодати.

В аскезе великих духовных отцов можно усмотреть все элементы так называемой сублимации (по Фрейду) или метаморфозы (по Юнгу): постепенное воспарение, при котором все, что «сублимировано», притягивается и поглощается более возвышенной сферой. Это и есть сущность преображения, в котором ничто не отсекается и не заглушается. Но все глубоко и целенаправленно переплавляется. Но лишь одна аскеза в этом воспарении достигает своей вершины – Всесовершенного и Всевышнего.

В процессе восхождения сексуальная энергия утрачивает животность как таковую, она гуманизируется и обретает духовные качества. Она постепенно утрачивает свою смутность, теряет свою слепую соблазнительную силу, сообщая человеку свою динамику восхождения. Любовь проникает в самую сущность инстинкта и пресуществляет естество: «Любовь изменяет самую субстанцию вещей», – говорит святой *Иоанн Златоуст*. Она приобщает эмпирические цели к целям, созданным духом, и руководит человеческой душой, направляя ее ввысь ко Всевышнему.

Под действием благодати Таинства человек живет сексуальной жизнью, не причиняя никакого ущерба своей внутренней жизни. Она становится чистейшим источником духовной радости, как нам это передает ее символика. «Все, что совершенно в своем виде, должно вознестись над своим видом, стать чем–то другим, ни с чем не сравнимым существом», – говорит Гете.

Всякое слово Иисуса Христа, подобно зерну, упавшему в землю, прорастает и взойдет в свое время. Их тайный смысл вдохновляет тех, кому дано стать человеком до конца, исполнить все, доступное человеку «посредством целомудрия». Блудный сын наконец почувствовал дыхание Духа, и «он встает и идет к Отцу своему», и это движение означает новый поворот (эон) в судьбе мира: в восхищении человек созерцает бесконечное величие помысла Божьего о нем. Бог хочет быть прославляемым Своим творением, и вот почему слова Иисуса Христа о браке так заканчиваются: «Тот, кто может вместить это слово, да вместит!»...

* * *

Святой апостол Павел глубоко потрясен законом иррационального сопротивления: «Я не понимаю того, что я делаю» (*Рим.7:15*). Сознание наталкивается на сопротивление со стороны подсознания, которое никогда не подчиняется прямым приказаниям, данным и предъявленным императивам. Здесь играет значительную роль воображение. Оно порождает искусство, воплощает образ в камне, в цвете и в звуке. Однако искусство никогда не создает живых предметов, о чем нам говорит миф о Галатее. Точно также остаются бездейственными абстрактные принципы, императивы, мораль. Воображение и его эрос всегда нуждаются в воплощенном образе, в живой иконе, в святом. Аскетическая культура воображения становится все более и более необходимой. Достоевский и Бернанос спускаются в бездну мрака, но их воображение навсегда пленил образ Иисуса Христа. Подлинное эстетическое развитие приобщает человека к истинной красоте, подводит к созерцанию тайн. Прекрасному телу придает форму душа, и в красоте души нас восхищает образ Божий. Святой *Иоанн Лествичник* говорит о целомудренном воображении, описывая поведение одного аскета, который, видя красоту женщины, «начал прославлять и возносить хвалы верховной Красоте, созданием которой она была, и был весь охвачен пламенем Божественной Любви, проливая слезы радости... этот человек уже воскрес в нетлении еще до всеобщего воскресения».

Вожделение зарождается при вторжении сознания в сексуальную жизнь. Действительно, там, где отсутствует сознание, моральный приговор не произносится за неимением точки приложения. До совершения греха и до появления закона, открывающего последний, люди были одеты своей наготой, «не испытывая стыда», впоследствии же они стали одеваться стыдливостью, сознавая свое падение. Инстинкты перестали «стоять у порога» (*Быт.4:7*) и перешли в поле сознания.

Как мы видим из его корневого значения, слово «конкуписцентиа», «епи–фюмда», «бе–гирде», обозначает бессознательную жизнь природы. Животные не обладают вожделением, они обладают инстинктом, который регулируется природой, а природа чиста. Однако приставка «кон», «епи», «бе» указывает на вторжение нашего разума, нашего сознания. Не «чрево», т.е. бессознательное, оскверняет человека, но то, что исходит из его сердца, символа сознательной психической деятельности. «Ибо извнутри, из сердца человеческого исходят злые помыслы, прелюбодеяния... все это оскверняет человека». Взгляд, исполненный сознательного вожделения, уже является прелюбодеянием, «извращенный разум» – источник сексуальной развращенности в языческом мире: воображение извращается, когда человек сознает это и соглашается с этим. Между тем, по утверждению аскетов, демоны именно через воображение проникают в человеческую душу и, воздействуя на воображение, могут его соблазнить. Это становится понятным, когда мы вспоминаем о том, что воображение непосредственно связано с эмоциональной жизнью, а последняя – с эросом и сексуальностью. Эротическое воображение разлагает дух, ибо оно наслаждается нечистыми образами, не зная ни конца, ни меры, это неутомимая жажда ада. Вот почему святой *Климент Римский* усматривает признак совершенства в том, что брат (христианин), взирая на сестру (женщину–христианку), сохраняет свое воображение чистым от сексуальных помыслов. «О единственная женщина, ты представляешь для меня весь род!» – восклицает поэт, имея в виду «единственное» существо супружеской аскезы.

В этой области единственно надежным оружием является духовная бдительность, молитва и благодать. Целомудрие предполагает воображение всецело очищенным и подчиненным духу. В истории о Товии рассказывается и описывается победа целомудрия над демоническим началом вожделения. В этом можно усмотреть поразительное предвосхищение в Ветхом Завете христианского Таинства брака.

Руководимый Архангелом Рафаилом, Товия встречает девушку, у которой было семь женихов, уничтоженных Асмодеем (демоном вожделения). Символика ясна: женихи одержимы демоническим духом вожделения, и смерть их говорит о смертельном характере этой страсти. Напротив, девушка олицетворяет целомудрие: «Господи, Ты знаешь, я чиста», – повторяет она в своих молитвах, тем самым привлекая к себе Ангела, оказывающего ей покровительство. Товия «полюбил ее, и крепко привязался к ней сердцем». Он женится на Саре, и Ангел повелевает ему окадить брачный чертог: прозрачный символ очищения и жертвенной молитвы.

И «когда ты приблизишься к Саре, встаньте оба и воззовите к Богу милосердия, Который сжалится над вами и спасет вас». Демонические чары уничтожены целомудрием Товии и Сарры. Асмодей побежден; вожделение в корне истреблено, благодаря небесному покровительству; имя Рафаэль по-еврейски означает: «Божье средство». Это средство ни что иное, как целомудрие, присутствующее во всякой истинной любви, когда она возгорится от «поядающего огня Вечного». Их молитва преисполнена целомудрием: «Господи, если я беру вот эту мою сестру, то не для услаждения чувств (слепая страсть), но со всей прямотой (полнота, пронизанная Духом)». И она говорит с ним: «аминь».

«БЕРТС КОНТРОЛЬ» – ПРОБЛЕМА ОГРАНИЧЕНИЯ РОЖДАЕМОСТИ

«Главная задача брака – это упорядочение половой жизни, особенно теперь. Когда род человеческий расселился по всей земле». Эти слова святого *Иоанна Златоуста* были произнесены в IV веке. Уже несколько тысячелетий двенадцать колен Израилевых жили, согласно древнему закону: «Плодитесь и размножайтесь». В ту эпоху Израиль представлял собой лишь незначительное меньшинство всего населения земли, насчитывая приблизительно тридцать миллионов человек. В настоящее время население земли достигает трех миллиардов человек. Статистика говорит, что население увеличивается вдвое каждые сорок лет, и к 2000 году достигнет шести миллиардов, а к 2400 году на каждого человека будет приходиться один квадратный метр, и в скором времени станет столько людей, что они будут стоять вплотную друг к другу. Животный инстинкт размножения, принимаемый как цель брака, ставит под вопрос брак как таковой и выдвигает одну из самых важных проблем современного сознания.

Исключая случаи, когда жизнь матери и ребенка в опасности и требуется хирургическое вмешательство, аборт считается тяжким преступлением и приравнивается к убийству (во Франции число абортов равняется числу рождений). Наиболее действенным средством является предупреждение зачатия. Таким образом, проблема регулирования рождений приобретает все возрастающее значение.

В большинстве стран выбор противозачаточных средств неограничен. Во Франции в настоящее время проходит яростная кампания за упразднение закона от 31.06.1920 г. Третий пункт гласит: «Будет подвергнут наказанию путем тюремного заключения от одного до шести месяцев и наложения штрафа от ста до пяти тысяч франков тот, кто в целях пропаганды противозачаточных средств, будет описывать, распространять или открывать способы предупреждения беременности или же делать доступными эти средства... или же вести пропаганду противозачаточных средств или средств, предупреждающих деторождение». Этот закон был вызван беспокойством о будущем страны, в связи с понижением рождаемости.

Но, с другой стороны, лица, занятые «планированием семьи», учитывают возможность супружеских пар самостоятельно рационально регулировать рождение детей: соблюдать достаточные промежутки между рождением детей в соответствии с состоянием здоровья матери, с материальными условиями семьи и в целях более разумного воспитания детей. Это борьба против стихийного деторождения, «кроличьего размножения». Итак, речь идет о педагогических и медицинских средствах, способных регулировать деторождение.

Необходимо четко различать два плана, в которых ставится этот вопрос. Первый план – социологический, демографический, это план общественный и государственный. В мало развитых странах, где царит ужасающая детская смертность и где люди находятся под постоянной угрозой голода, общественное вмешательство явно необходимо. Однако это человеческое вмешательство затрагивает самую глубинную и интимную область человеческого существования. Никак нельзя приравнивать человека к животным, применяя к социальной жизни принципы, пригодные для селекции лошадиных пород. Всякое регулирование, прежде всего, связано с необходимостью предусмотреть и заложить основы совсем иной политики, направленной к изменению семейного уклада. Общество должно найти возможность предоставить каждой супружеской паре человеческие условия жизни, при которой она могла бы должным образом воспитывать детей. Прежде всякого государственного законодательного вмешательства необходимо принять меры в области экономики и в области воспитания, направленные к просвещению супружеских пар и родителей. Вместо того, чтобы отсекать, надо лечить. Второй план – это план Церкви, с которой связана совесть супругов–христиан.

Западная *Церковь*, верная своей концепции о деторождении как о главной цели брака, находится в весьма трудном положении. В виду перенаселенности супружеские пары вынуждаются к воздержанию, что фактически является аннулированием брака. Вступление в брак с целью воздержания, в «неполный брак» («синеисактизм») не одобрялось Церковью еще в первые века. Если доводить эту мысль до абсурда, можно было бы сказать, что искусственное оплодотворение, при котором донором является муж, оказалось бы оптимальным решением. Цель произрождения достигнута и в данном случае подлежит научному контролю. Грех наслаждения нейтрализуется и это является своего рода массовым непорочным зачатием. Доведенное до крайности, подобное решение, конечно, не имеет ничего общего с христианским мировоззрением, и ни один богослов никогда не рассматривал его серьезно.

Врачи утверждают, что классический и упрощенный совет полного воздержания ради сокращения рождаемости, который дает традиционная богословская мораль, не является удовлетворительным. Пастырский опыт исповедников подтверждает эту констатацию. Многие супруги признаются в серьезных расстройствах, которые ставят под угрозу равновесие супружеской жизни. В настоящее время наблюдается пассивное, глухое сопротивление верующих супружеских пар. Несомненно, речь идет об их судьбе в настоящем и в будущем, и нам представляется, что в данном случае никто не может решить за них.

Конференция англиканских епископов, имевшая место в 1930 году в Ламбете, выразила новую точку зрения Церкви по сексуальному вопросу. Она узаконила случаи, когда по вполне разумным и моральным причинам люди бывают вынуждены отказаться от полного воздержания и прибегать к неомальтузианским методам, применяя одобренные медициной противозачаточные средства.

Энциклика папы Пия XI «Каста конкубии» (31.12.1930), напротив, провозглашает, что «всякий брак, на протяжении которого, по человеческой прихоти, акт лишается своей естественной силы порождать жизнь... является глубоко аморальным». В плане богословской морали такая позиция не оставляет места никаким двусмысленным толкованиям. Такой же именно характер носит недавняя декларация (03.03.1961) кардиналов и епископов Франции: «Супружеская любовь не есть эгоистическая страсть, преследующая одно лишь наслаждение, но это полная отдача друг другу, которая достигает своего расцвета в рождении на свет и добросовестном воспитании любимых детей». Хотя и признаются другие цели брака, в частности супружеское единство, все же брак воспринимается в его функциональном аспекте, поскольку он увенчивается деторождением. Исходят из того, что продиктовано природой. Любовь полностью подчиняется физиологии. В этом отношении вышеупомянутая декларация не оставляет никаких сомнений: лишь воспитание любимых детей является конечной целью брака. Это бескорыстная самоотдача и является целью брачного союза и пределом супружеской любви. Глубоко внутренняя и интимная цель человека странным образом выводится наружу, объективизируется. Между тем конечная и верховная цель – это полнота супружеского существа в Боге, а Бог никогда не может быть чем-то внешним, Он открывается во внутреннем, духовном опыте человека. При всяком решении этого вопроса, имеющем в виду не супружескую жизнь как таковую, но подходящем к ней извне, неизбежно остаются в рамках социологии, даже если говорят о «бескорыстной самоотдаче», отрываясь от конкретной и бесконечно сложной жизни супругов.

Известно, что эта официальная позиция морального богословия имеет немало противников. Последние требуют, чтобы был в корне пересмотрен данный вопрос, причем имелись бы в виду не объективные правила закона, но конкретные люди и их пожелания, всегда личные и свободные. Одно дело – соглашательство, а другое – соображения медицинского и внутреннего характера, которыми должен руководствоваться взрослый человек, который может располагать своей судьбой. Формальное авторитарное руководство всегда может сломать человека, оберегая принципы объективной морали: личность приносится в жертву коллективу, всеобщему благу. Любовь, ее тайна социологически объективизируются.

Метод, обычно называемый методом Окино, принимает во внимание периоды «физиологического бесплодия» женщины. Учет этих периодов и воздержание от супружеских отношений в эти периоды якобы дают простое и практическое решение, подсказанное самой природой. Энциклика «Касти конкубии» явно допускает такое разрешение вопроса супружеской жизни. Богословы постоянно обращаются к биологам с просьбой усовершенствовать этот метод с целью добиться полного успеха. В декларации кардиналов и епископов уточняется: «Для того, чтобы можно было провести «регулирование рождаемости» согласно методам, которые наука непрестанно совершенствует, необходимо сознательное подчинение супругов высшим моральным правилам, имеющим в виду проявление человеческой любви». Конечно, в конечном итоге все зависит от содержания, вложенного в эти высшие моральные правила, имеющие в виду человеческую любовь. Это может быть полнота жизни в Боге, но может быть также регулированием естественной функции сексуальности... При таком регулировании, имеющем место во всех случаях, естественно возникает тревожный вопрос: как может безбрачный священник играть роль специалиста в области эроса или быть медицинским советником? С другой стороны, брошюры, одобренные духовной цензурой, предлагают проверенные на опыте календари; в Германии с кафедры пропагандировался метод Шмольдера. При таком публицистическом подходе к самому интимному вопросу супружеской жизни становится ясным, что совесть и достоинство женщины, супружеской четы и любви глубоко ранены и оскорблены.

Стихийное произрождение, «кроличье размножение», слепой инстинкт мужчины, который грубо обращается с женщиной, навязывает ей «ребенка за ребенком» – все это способствует возникновению проблемы «сознательного материнства».

В эпоху святых отцов данная проблема никогда не становилась. Ни в одном из канонов не идет речи о ней.

Древние дисциплинарные сборники, посвященные покаянию, в настоящее время уже не могут иметь практического значения, да, впрочем, там даже не упоминается об этом предмете. Приводить в пример тексты Ветхого Завета (например, случай в Онаном (*Быт.38:9–10*)) не имеет ни малейшего экзегетического смысла и значит применять в недолжном контексте высказывания о святыне и о запретных предметах, проникнутые духом эпохи, когда господствовал Закон и люди жили ожиданиями Мессии. Итак, надлежит исходить из святоотеческого духа и не руководствоваться поучениями, уже потерявшими свой смысл.

Не подлежит никакому сомнению, что необходимо всячески удаляться от упадочной морали. Однако вместе с тем следует отвергать такого рода точку зрения, при которой отрицается за человеком всякая ответственность и чересчур легко прибегают к Божественному Промыслу. Такая позиция не имеет ничего общего с подлинной верой. Бог даровал человеку разум и свободу совершать выбор и действовать в полноте сознательности, и этот дар предполагает духовный долг всецело принимать на себя последствия за свои поступки.

Православное сознание, по существу эсхатологическое, признает, что подлинными вершителями истории являются святые, и что Церкви не надлежит организовывать и контролировать жизнь, протекающую во времени. Православие осуществляет теандрическое (богочеловеческое) сознание в мире. Оно непрестанно помышляет об евангельской «метанойе», оно стремится преобразить человека в новую тварь, сделать его харизматиком; оно заклинает злых духов и оберегает врата жизни, оно обладает даром различения духов и указывает пути, ведущие к совершенному освобождению, оно не предписывает рецептов спасения, не дает ответов, предоставляя их делать самому свободному человеку. Подобно Самому Богу, оно питает беспредельное уважение к достоинству человека как представителя царственного священства, глубоко ему доверяет, ожидает, что он вынесет свои свободные решения на уровне святости и святыни.

Таким образом, утверждая персоналистский аспект брака, Православие всегда будет защищать достоинство совершеннолетних супругов. *Церковь*, епископат и любой священник никогда не откажут в совете, если к ним обратятся, но этот совет всегда будет носить личный характер и не будет продиктован никакими обобщенными этическими теориями, имеющими в виду «общественное благо» и основанными на законе.

В своей статье «О понятии греха в православном богословии» священник В. Палашовский пишет по поводу противозачаточных средств: «Священники Русской Церкви в своей практике из скромности не задают вопросов об этом предмете... по мнению исповедников, вся область взаимоотношений между мужем и женой чересчур интимная, чтобы священник мог об этом спрашивать... В настоящее время никогда не задаются такого рода вопросы, потому что, как мы уже сказали, область сексуальных отношений супругов не подлежит ведению православного исповедника, который не хочет вторгаться в интимную сферу, где происходит единение двух в единую плоть и где присутствие третьего, даже облеченного священническим саном, совершенно излишне».

Приведенное нами высказывание весьма точно и ясно отражает позицию Православия. Все дело в том, что епископат весьма серьезно относится к понятию о царственном священстве верных и к венчанию супругов, которое устанавливает супружеское священство. Человек подлинно освящается и становится царем, священником и пророком. Столь высокое достоинство надлежит принимать всерьез и нельзя его воспринимать как некий абстрактный сан. Это весьма определенное призвание и, чтобы его воспринять, нужна полная зрелость, тогда человек сможет находить свое собственное решение в результате свободного выбора, сделанного взрослым. Целостное личное существо, образуемое супругами, переживает свое вечное назначение, руководствуясь своей совестью и пребывая пред очами Божьими. Никакое третье лицо не может вмешиваться. Супружеская любовь отнюдь не является средством, но верховной целью, источником святости. Всякое отношение учителя к ученику здесь всецело исключено. «Тайна сия велика», – слова святого апостола Павла возносят супругов и их любовь на высоту, имея в виду состояние духовной зрелости.

На первом месте стоит – и именно здесь дух Православия проявляется в наибольшей полноте – вопрос о духовных возрастах. Супружеская чета постепенно достигает зрелости, и в каждом «возрасте» супружеской жизни находит соответственное решение, не нуждающееся ни в каких рецептах и указаниях общего характера и не продиктованного принципом «общего блага». Супружеская аскеза, вскормленная соборным сознанием и питающаяся Таинствами Церкви, в себе самой обретает нужные силы и научается делать выбор и оценивать ту или иную ситуацию в соответствии со своим духовным возрастом и гармоническим возрастанием даров. *Церковь* самое большее – дает лишь основания для суждений, она не оказывает ни малейшего принуждения, ее цель – освободить человека от всякого вида рабства, дабы сделать его свободным гражданином Царства Божьего. Как только отказываются от социологической и финалистской концепции произрождения как цели брака, само собой приходит решение, оно подсказывается изобретательностью, присущей «магнус амор» (лат. – Великая любовь) и благодатию, покровительствующей последней.

Весьма часто супружеские пары испытывают страх перед беременностью, который порою переходит в настоящий ужас, и тем самым становится невозможной всякая гармония. Случайно появившееся на свет дитя, дитя, внезапно вторгшееся в жизнь семьи, выводит из равновесия хрупкую и шаткую конструкцию семейной жизни. К этому присоединяется панический страх пред перенаселенностью. Не усматривая другой цели и значения полового акта, кроме деторождения, официальная доктрина становится все более жесткой, вырабатывает все более строгие принципы. А между тем верующей чете присуще высокое благородство, и ей надлежит обрести в сексуальности нечто совсем иное, не имеющее ничего общего с животным миром.

В современных поучениях по данному вопросу неизбежно встает следующий вопрос: возможно ли со всей честностью и правдивостью, избегая периодов, благоприятных для зачатия, и применяя различного рода противозачаточные средства, найти такого рода средство, которое могло бы дать абсолютную гарантию, что не произойдет зачатия? Различие, приводимое между полным и неполным актом, носит грубо материалистический характер. Наставления, разработанные холостяками, вынуждают супружеские пары прибегать к казуистике, пользуясь указанными ими методами, заставляют их изобретать своего рода «трюки», чтобы перехитрить и ловко обойти букву официальной доктрины. В таком случае, эта доктрина рассматривает их как «неполноценных» и «безответственных», как провинившихся в какой-то мере подростков. Все это влечет за собой потрясающие беды. Надо откровенно сказать: если принять метод Ожино–Кнаусса или Шмюльдера, то становится зыбкой, трудно различимой и почти сходит на нет граница между дозволенным и недозволенным, естественным и противоестественным. Индусская техника, с которой можно познакомиться в Упанишадах и в тантрических писаниях, известная под названием «вайроли мудра», имеет целью достигнуть самообладания, которое можно подвести под рубрику весьма странного во многих отношениях морального богословия, проповедующего так называемую «супружескую ласку», однако совершенно очевидно, что нельзя поддаваться такого рода обману. Акт, «обезвреженный» путем расчета дней, акт, обезвреженный благодаря применению механического средства или в силу добровольного самоограничения, – ни в коем случае не будет естественным, если только не будут играть словами. Предохранительные средства умственного порядка неизбежно связаны с казуистикой и ни в коем случае не могут быть определены как зрелые решения духовного порядка. Перед лицом запретов всякое решение является компромиссом или плутовством. Даже воздержание, когда оно носит принудительный характер, а не предпринято добровольно как нечто желательное, лишь внешне напоминает действие духовного порядка и чревато весьма пагубными нарушениями равновесия.

Согласно некоей богословской морали, когда законным образом прибегают к ограничению рождаемости, то способ можно считать незаконным, если он противоречит природе. Но где найти должный критерий? Метод Ожино согласуется с законом, но в данном случае лукавит сам закон. Проблема заключается не в самих средствах, но в том, как они осмысливаются, – это вполне духовная проблема. Всякого рода уловки лишь обманывают совесть, принося мнимое успокоение, и оскорбляют любовь. Произвольное деторождение гораздо благороднее, чем то, которое происходит вслепую, в силу случайности, большей частью непредвиденно и вопреки желанию. Если некоторые согласны на обезболивание при родах, то почему не согласиться на какой-то срок воздерживаться от зачатия, когда рождение ребенка является тяжелой проблемой и когда любовь, тревожная и тоскующая, живет в такой атмосфере, где ей угрожает гибель? Женщину нельзя заставить рожать. Деторождение может быть лишь творческим, обдуманным актом свободных существ, подготовившихся к нему в молитве. Для того, чтобы можно было свободно желать иметь ребенка, нужно, чтобы имелась возможность его не иметь. Надо уметь избегнуть обеих крайностей – кроличьего бездушного размножения, с одной стороны, и насильственного, навязанного извне воздержания, – и найти свое решение, которое не должно нарушать супружеского общения.

У животных автоматизм сексуальной жизни (течка) имеет следствием оплодотворение, и совершается оно во время, предписанное природой. У человека дело обстоит совершенно иначе, и всякое сведение эроса к произрождению снижает человека до уровня животного. Человеческая любовь возвышает физиологию до того уровня, на котором происходит взаимодействие с духовным началом и принимается его дар, и тогда вся жизнь проникается духовной гармонией. Любовь предполагает произрождение, но последнее не определяет всецело и не истощает ее, и человек призван сам принять решение, обладая царственно свободной совестью, пред лицом Бога и тайны любви.

Совершенно ясно, что нельзя рекомендовать от чистого сердца противозачаточные методы и средства, более благородное решение вопроса выражается в духовном самообладании. Но человек должен постепенно подняться до этого самообладания и делать это СВОБОДНО.

Супруги – это «субъекты», которые общаются друг с другом как личности, ответственные за свои поступки и свободные в создании своей судьбы и в искусстве любви.

Истинное решение никогда не будет легко даваться, его нельзя принять механически или по инерции. Обезболивание при родах ничуть не умаляет общего значения дара, но при этом всегда есть риск потерять жизнь и испытать духовные муки. Достигнув своей зрелости, любовь превосходит всякое регулирование, всякие технические приемы, всякие предписания извне и достигает своего назначения; верная своему призванию, она не может избегнуть вершины, где царит распятая любовь.

* * *

В секуляризованном государстве господствует внерелигиозное мировоззрение, которое по существу представляет собою потенциальный атеизм, рассматривающий человека как усовершенствованное животное, снабженное всеми средствами техники и рецептами. Такое представление о совершенстве приводит к неврозу, который всегда выражается в глубоком разладе человека с самим собой. Подлинно человеческое решение может принести только религиозное мировоззрение, которое утверждает священность жизни, дает и благотворное определение взаимоотношениям между полами и указывает путь к последнему освобождению. При воспитании подростков и народных масс следует открывать им позитивную, мистическую ценность целомудрия. Для существа, обладающего целомудренной духовной структурой, не существует никаких проблем, оно не делает выбора, но переживает любовь «сверхъестественно–естественно».

Тот, кто спрашивает разрешения, указания и рецептов, тем самым доказывает, что он еще незрелое существо и не имеет на это права.

В этой области редко приходится прибегать к морали, потому что здесь играет роль личность, а на свете не существует двух одинаковых личностей. Тот, кто еще не достиг зрелости и удовлетворяется преподносимой ему моралью, не превосходит уровня человеческого стада и может вместе с остальными получить надлежащие директивы. Но на уровне человеческой личности любви ничего нельзя предписать. Любовь не ведает моральных норм, ей известны нормативные ценности духовного порядка, в области которых царит свобода и вдохновение, и любви дано их открывать и жить их откровениями. Педагогика отказывается от своих прав на пороге тайны, в которой любовь формирует человеческую личность и рождает ее в вечность. Евангельский способ упразднять Закон – это исполнять его, восполняя. В супружеском служении любовь проходит над безднами, но она достигает тех высот, где потоки жизни устремляются к Царству Божьему.

УСТАНОВЛЕНИЕ

БРАК В ВОСТОЧНОМ КАНОНИЧЕСКОМ ПРАВЕ

Иерусалимский собор разрешает вопросы, касающиеся христиан иудейского происхождения; святой апостол Павел в своих Посланиях говорит о том, как надо проводить собрания, о качествах, какими должны обладать епископы, о пользовании харизмами. В течение трех первых веков *Церковь* применяла обычное право, о котором идет речь в «Дидахе» (конец 1 века), в «Апостольском предании» Ипполита (начало III века), в «Дидаклии апостолов» (около 250.), в «Постановлениях апостольских» (около 380).

Начиная с IV века, мы вступаем в период регулярных Соборов, и к концу IV века оказывается уже разработанным каноническое право Византийской Церкви.

В отношении легализации брака имеют важное значение постановления Халкидонского Собора (каноны 14 и 16), Трулльского Собора, Никейского Собора, состоявшегося в 787 году, Соборов, созванных Фотием в 861 и 879 годах, и Собора 920 года. К этому надо прибавить канонические сборники Поместных Соборов, 80 апостольских канонов, выдержки из святоотеческих творений и тексты восточных патриархов. Надо также принимать во внимание гражданское законодательство: «Новеллы» Юстиниана, кодексы императоров VIII и IX веков, «Эклогу» Льва III и его сына Константина, «Прохирос Номос» (879) Василия I, «Базилики» (888 – 890), созданные при Льве VI Философе; «Новеллы» Льва VI и Алексея I Комнена.

В номоканонах собраны и систематизированы различные тексты; также номоканон Иоанна Схоластика (конец VI века), номоканон XIV титулов (629, дополненный в 888), официально принятый в Константинополе в 920 г.

Византийское право было комментировано в XII веке Алексеем Аристеном, Иоанном Зонарой и Феодором Бальзаменом. Матвей Бластарес собрал эти толкования в сборнике в порядке алфавитной «синтагмы» в 1335 году. Наконец, Арменопул в 1350 году составил канонический сборник под названием «Гексабиблос».

Собрание канонов, созданное трудами афонских монахов и опубликованное в Лейпциге в 1802 году и в Афинах в 1841 году, под названием «Пидалион», легло в основу канонического права современной Православной Церкви. В постановлениях патриархов продолжается его истолкование и между прочим, устанавливается законодательство в области брака.

На Руси «Номоканон XIV титулов» был переведен уже в XI веке. Церковный Собор 1274 года принимает в качестве официального собрания канонов «Кормчую книгу». Она была распространена Московским патриархом Иосифом в 1650 году и *патриархом Никоном* в 1653 году и с тех пор остается официальным кодексом. «Пидалион» был переведен в 1839 году.

* * *

Православие не обладает единым кодексом для всех Церквей. Хотя при таком положении вещей возникают известные неудобства, унификация канонических форм вызвала бы к жизни нормативный «монотип» для Поместных Церквей, что было бы противно духу Православия. При существующем коренном единстве веры и культа всегда можно найти различные формы выражения, соответствующие местной традиции.

Догматы представляют собой незыблемую основу откровения, а каноны выражают собой то, что подлежит изменению, вливаясь в исторические формы церковной жизни. Цель канонов – выразить в ту или иную эпоху сущность догматов и таким образом помочь верным воплощать ее в их жизни. Поднимаясь над относительной и временной формой канонов, каноническое сознание ищет в формах, нередко уже устарелых, дух, который их оживлял и который всегда остается неизменным. «Юс дивинум» и «юс гуманум» объединяются в «юс экклезиастикум» и последнее предписывает нормы применения догматов в исторической жизни Церкви.

КАНОНИЧЕСКИЙ УСТАВ БРАКА. СОВЕРШИТЕЛЬ ТАИНСТВА

Обручение – «мнистейа» и венчание совершаются одновременно и составляют единый обряд, основная часть которого благословение и венчание жениха и невесты священником. Это обычай прочно установился в России еще с XVIII века после постановления Святейшего синода в 1775 году.

Святой *Игнатий Антиохийский* уже говорит о необходимости получить «одобрение епископа». Седьмой Неокесарийский канон упоминает о благословении священника. Святой *Иоанн Златоуст* дает объяснение символике брачных венцов. Чин венчания «аколуфиа ту стефаноматос», согласно византийским толкователям, – основной момент Таинства брака. «Если кто-нибудь женится без этого благословения, да будет этот брак недействительным» (*Лев VI, 895*). В синодальном постановлении Михаила Анхиала (1177) ясно говорится, что брак не может совершаться только по воле вступающих в него, но необходимо благословение и совершение чина. При совершении чина венчания не требовалось подтверждения согласия женихом и невестой. Патриарх московский Иоаким снова ввел в чин бракосочетания формулу вопроса, задаваемого священником новобрачным. Таким образом, единственным совершителем венчания является священник. Если получено одобрение епископа, то каждый священник имеет право совершить чин бракосочетания. Обычно его совершает настоятель приходского храма, посвящаемого невестой. В случае, если жених и невеста «алиени юрис», византийское право требует согласия родителей.

АННУЛИРОВАНИЕ БРАКА И РАЗВОД

Восточная *Церковь*, основываясь на евангельских текстах (*Мф.5:32;19:9*), допускает развод, на который было дано Божественное разрешение. Святой *Василий Великий*, будучи авторитетом в данном вопросе, допускает расторжение брачных уз в случае измены (со стороны жены). Гражданское право приводит другие причины. На практике имеют силу три причины: измена мужа или жены, отсутствие одного из супругов и вестей от него в течение пяти лет, гражданская смерть в результате судебного приговора. Бывают также случаи, когда муж получает епископский сан, а также когда один из супругов принимает монашество (только в пожилом возрасте); в этих случаях супружеская жизнь прекращается, причем другой из супругов не имеет права вторично вступить в брак.

Начиная с 1877 года патриарший константинопольский суд стал почитать себя вправе расторгать брак по другим причинам. В России на Московском Соборе 20 апреля 1918 года было вынесено постановление о добавочных причинах расторжения брака: отступничество, тяжелая болезнь (проказа, сифилис, добровольное нанесение себе увечья), неизлечимое сумасшествие и злонамеренное оставление семьи одним из супругов. Таким образом, причины аннулирования брака таковы: смерть самого Таинства, смерть любви вследствие измены; религиозная смерть вследствие отступничества, гражданская смерть в результате судебного приговора, физическая смерть ввиду длительного отсутствия.

ПРЕПЯТСТВИЯ К БРАКУ

Согласно современному церковному константинопольскому праву, кровное родство, вплоть до седьмого колена, служит препятствием к браку; для седьмой степени родства может быть получено разрешение. В России постановлением Святейшего синода от 1810 года, опиравшимися на 54 канон Трулльского Собора, разрешался брак при родстве свыше четвертого колена. При усыновлении соблюдаются те же правила, что и при кровном родстве.

ВОЗРАСТ

Святейшим константинопольским синодом в 1882 году был определен возраст лиц, вступающих в брак: восемнадцать лет мужчины и четырнадцать лет для женщины. Святой *Василий Великий* запрещает жениться на женщине, которой больше шестидесяти лет. В настоящее время не применяется никаких ограничений.

РАЗЛИЧИЕ ВЕРОИСПОВЕДАНИЙ

В случае если православный вступает в брак с лицом другого вероисповедания, то последнее обязуется уважать Православие. Дети должны быть воспитаны в духе Православной Церкви. Постановление сформулировано в общих чертах, без всяких уточнений. Канон допускает, чтобы бракосочетание было совершенно также служителем культа той религии, к которой принадлежит лицо, вступающее в брак с православным.

ОГРАНИЧЕНИЯ, ОБУСЛОВЛЕННЫЕ СВЯЩЕННИЧЕСКИМ САНОМ

Священники и диаконы не могут жениться после своего рукоположения. Это дозволяется только чтецам и певчим (Трулльский Собор, канон 6). Для всех безбрачных членов церковного клира и для монахов брак становится возможным лишь после снятия с них священнического сана.

ПОВТОРНЫЙ БРАК. ВТОРОЙ БРАК И ПОСЛЕДУЮЩИЕ БРАКИ

Святой *Григорий Назианзин* учит: «Первый брак совершается всецело в согласии с церковным законом, второй допускается по снисхождению, третий весьма не одобряется. Последующие браки уже не к лицу людям, в них есть нечто скотское».

Даже в отношении второго брака *Церковь* всегда проявляла известную сдержанность. Церковь первых веков не советовала священнику принимать участие в свадебном пиршестве. Седьмой Неокесарийский канон предписывает второбрачным некоторый срок покаяния. Третий брак лишь с трудом допускается. Константинопольский Собор 920 года объявляет недействительным всякий четвертый брак. Со временем были сняты всякие ограничения в отношении третьего брака, а также отменено покаяние. Четвертый брак по–прежнему решительно не допускается.

СУПРУЖЕСКАЯ ЛЮБОВЬ И РАЗВОД

Бог, безусловно, не создал человека для своего прославления. Он скорее создал его для Своего страдания, ибо Бог – это распятая Любовь. Человек отнюдь не является средством для Бога. Вот почему возможна любовь и она присутствует только там, где два лица, два субъекта, Бог обеспечивает человеку эту свободу; если человек выражает желание, Бог дарует ему Таинство и делает его любовь харизматической. Единственное основание, которое может здесь иметь значение – это отречение от любви во имя свободы, во имя жалости, во имя сострадания, то есть во имя другой любви. Подобная любовь упраздняет все вопросы, она упраздняет даже всякий выбор; вопросы возникают лишь тогда, когда она превращается в нечто иное.

Если общество подходит к любви, оно подразумевает при этом семью, общественную форму, долг, закон. Семью превращают в ячейку общества, а супружескую любовь в удовлетворение сексуального инстинкта. Общепризнанные мыслители в этой области высказывают лишь банальности, говорят не по существу. Они охотнее говорят о сексуальности. Между тем, как только прикасаются к тайне, любая «система морали» кажется аморальной. В самом деле, социальная жизнь зиждется на принципе: «Квиста нон мовере» – не приводить в движение то, что находится в покое. Любое новшество, в свою очередь, представляется аморальным в глазах морали.

Послабления, имеющие место в настоящее время, носят поверхностный характер, к ним прибегают в связи с господствующей в обществе безудержной легкодоступной эротикой. Легкость, с какой совершается гражданский развод, весьма обесценивает брак, уподобляя его спариванию на самый краткий срок, коммерческий сделке или же недобропорядочному соглашению. Со своей стороны, укоренившийся веками фимализм снижает брак до уровня организованного животного акта. Единственное, что при этом имеется в виду, – это общественное удобство и польза. Это попытка управлять браками. Но любовь покидает мир, когда последний теряет всякий смысл и заменяет духовные ценности системами социальных принуждений.

Любовь всегда таинственно связана со смертью. Когда в «Песне Песней» говорится, что любовь сильна как смерть, это означает, что они обладают одинаковой властью, и что вопрос о том, кто из них победит, остается открытым. Любовь обретает бессмертие лишь в том случае, если она преодолевает всякое дробление личности, общественной контроль, поверхностные конфликты, сексуальность, объективизацию, преодолевает всякое насилие над человеческим духом и посягательства на его царственную свободу. Брак не оправдывает любовь, он есть ее благодать. Любовь знаменует собою некий разрыв в обществе и в природе.

Будучи разрывом в падшем мире, она противоположна всему случайному. Потому что она включает в себя аскетическое очищение и добровольно принятые страдания. Поднявшись до духовного уровня, она способны творить чудеса. Если любовь остается неразделенной или непонятой, она становится мученичеством и носит стигматы. Речь идет здесь не о земных благах, речь идет именно о спасении, о Божественной свободе человека и о его небесном достоинстве. В своем завоевании инобытности другого человека любовь может терпеть смертельные муки, при этом никогда не утрачивая своего величия.

Освобождение от всякого принуждения, от всяких объективизированных и навязываемых ей извне форм носит всецело положительный характер, когда при этом утверждается мир ценностей путем целостного принесения в жертву своего «для себя». Таким образом, человек освобождается от последнего рабства, порабощенности самому себе. Когда человек уразумеет, что он по своему существу ДАР Божий, он может принести себя в жертву Богу. «Твоя от Твоих Тебе приносяще», – говорится в литургии. Более того, в это жертвоприношение человек включает и любимое существо и таким образом восстанавливает его обновленный образ в очах Божьих в расцвете своей радости. Он преподносит Богу икону лица любимого им в Боге. Только в плане новой твари, в освободительном дыхании Святого Духа человек может понять любовь и проникнуть в ее тайну.

* * *

Сокровенные недра человека, произносящего «да», недоступны для всякого совершителя Таинства, они остаются таинственным даже для самого человека. Не существует никакой формальной возможности для человека проверить и испытать качество любви, ее постоянство и глубину. Во всяком случае в союзе, заключенном из расчета или под давлением чужой воли, в союзе между лицами, которые внутренне не свободны, брачные узы ничего не имеют общего с браком и его мистическим и священном смысле. Сущность Таинства, любовь, там отсутствует или полностью искажена.

Случаи, когда люди не сходятся характерами и когда вступают в брак без любви, – обычное явление. Во всяком случае большинство супружеских разногласий объясняется духовной несостоятельностью, отказом вступить на героический путь, отказом от покаяния, от евангельской «метанойи». Изменять своей любви, значит изменять самому себе. Однако предъявляемое человеку требование пребывать на своем духовном уровне не может носить ни формальный, ни принудительный характер. Нельзя принуждать к любви подобно тому, как нельзя принуждать к мученичеству. Обет верности имеет отношение к самым глубоким реальностям человеческой жизни, а также к иррациональному началу. Этот обет не предписывается свыше, но приходит изнутри, из сокровенных глубин сердца и взывает к духовной свободе, как приглашение на праздник и как призыв к принятию страданий. Здесь присутствует и акт веры, и верность жива в человеке, поскольку в нем жива и целостна вера, таким образом, исповедание веры и мученичество оказываются синонимами. Никто не может судить об этой тайне, кроме Бога, Которому дан этот обет, и совести человека, который его произнес. Если вера подвергается изменениям, то верность также претерпевает изменения, теряет свой благодатный характер и обретает принудительный.

* * *

«В законах относительно брака гораздо больше внимания уделяется общему благу, чем каждому частному случаю», – этот принцип лежит в основе нерасторжимости брака и выявляет ее скрытый смысл: личность всецело подчинена «общему благу», это крайняя степень духовной отчужденности. Между тем евангельский призыв «потерять душу свою, чтобы ее спасти», означает потерять душу ради ее же спасения, а не ради общего блага. И когда человек полагает свою душу за другого, это никогда не делается из корыстных целей, ради своего спасения, но потому что он любит, и именно любви принадлежит высшая власть поменять человеческую судьбу. Никогда не говорят: «я люблю тебя, чтобы тебя спасти», но всегда говорят: «я спасаю тебя, потому что тебя люблю». Для Бога каждая душа единственна, и она дороже всего мира и общего блага, это несоизмеримые ценности.

Согласно Евангелию, измена в любви уничтожает самую реальность, мистическую сущность брака. Если любовь – это основа Таинства, и Юстиниан заявляет, что брак обретает свою реальность только через любовь (Новелла 74), то обеты верности, которые дают друг другу жених и невеста, являются лишь внешним свидетельством о реальном присутствии любви. Измена в любви свидетельствует о том, что Таинство потеряло всякое значение. Развод – это всего лишь конституция отсутствия, исчезновения, уничтожения любви и является попросту заявлением об аннулировании брака. Развод представляет аналогию с актом отлучения от Церкви, это не наказание, но лишь констатация «пост фактум» уже совершившегося разъединения.

Принимая развод, Православная *Церковь* тем самым свидетельствует о своем безграничном уважении к человеческой личности и к Таинству харизматической любви. Если она все же ставит препятствия разводу и явно выражает сдержанность в этом вопросе, это потому, что она хочет предотвратить всякие проявления преступного легкомыслия и предупредить об опасности пойти вразрез с Промыслом Божьим. Она всегда выражает свое доверие в той области, в которой взрослый человек может быть единственным судьей, решающим свою участь. Венчание Таинства требует этого, потому что супружеская жизнь – это непрестанно длящееся Таинство, и, профанируя его, человек неизбежно подвергается каре, впадая и инфернальную пустоту.

Согласно тому, что называется «привилегиум Паулимум» (*1Кор.7:12–16*), брак верующего с некрещеным может быть расторгнут, причем верующий остается невиновным.

А между тем, кажется, святой апостол Павел проповедует совсем обратное. Во всяком случае в этом тексте идет речь о превосходстве Таинства над законом: *брат или сестра в таких случаях не связаны* (*1Кор.7:15*). Святой *Иоанн Златоуст*, комментируя этот текст, говорит: «Лучше расторгнуть брак, чем погибнуть». «Спасение, – заявляет святой *Григорий Назианзин*, – для тех, которые его возжелали».

Итак, *Церковь* признает, что бывают случаи, когда супружеская жизнь утрачивает свою сакраментальную сущность и является лишь длящейся профанацией, которая может привести к гибели души. Соблюдение нерасторжимости брачных уз иногда может привести ко лжи; оберегая общее благо, убивают личное благо. Чтобы сохранить видимость социальной благопристойности, достойное уважения лицо «патер фамилиас», общество в сговоре с государством ввело проституцию. Последняя расплачивается за установленное единобрачие. Быть может, именно по этому поводу в Евангелии сказали загадочные слова о том, что блудницы обгоняют нас на пути к Царству Небесному.

Нерасторжимость брачных уз не имеет ни малейшего отношения к любви. Вопрос возникает тогда, когда уже нечего больше охранять, узы, ранее объявленные нерасторжимыми, уже расторгнуты, и закон ничего не может дать взамен утерянной благодати, он не может ни исцелить, ни воскресить, ни сказать: «Встань и ходи!».

Мы наблюдаем весьма странное явление. Из всех грехов, подвергающихся в Евангелии суровому осуждению, не считая величайшего греха сатанинской гордыни, ходячая богословская мораль усматривает в сексуальности основное проявление первородного греха, и развод осуждается главным образом потому, что целью брака поставлено деторождение. Тайна любви остается неизменной, но брачный контракт обретает абсолютно принудительный характер. Между тем обеты, приносимые во время совершения чина крещения, в той же мере накладывают обязательства и связывают волю верного. Жизнь среднего христианина находится в постоянном противоречии с обетами, данными во время крещения, несмотря на грозные предупреждения святого *Симеона Нового Богослова*, человек, непрерывно находящийся в состоянии вероломства, все же остается членом Церкви.

В Евангелии говорится, что богатые не войдут в Царство Божие, а между тем самая широкая дорога открывается им в Церкви.

Ложные требования, раздающиеся в современном мире, не могут заглушить искренний вопль, рвущийся из глубины души, подлинную устремленность к верховной реальности существования. Последних невозможно достичь, не обладая духовной свободой, не достигнув зрелости, благодаря которой верующий становится ответственным за свою участь. Только на этом уровне он может вновь обрести все величие веры, упразднить мрачную серую скуку ада и жить увлекательной жизнью, и тогда расцветут в мире цветы и будут совершаться чудеса... Под его стенами уже не зыбкие пески социологии, но находящийся в вечном движении океан, отражающий в своих волнах глубины неба и Царства Божьего.

Два человеческих духа объединяются пред лицом всех трудностей и всего трагического в жизни, два мира соединяют свое богатство и свою нищету, свою историю и свою вечность. Вся история человечества, начиная с Адама и Евы, отражается в их хрупкой жизни. Извечное мужское и женское начало участвует в этом рождении в любви, и надеются обрести в этом вековечные ожидания. Узреть чудо. Вот почему всякая любовь единственна и даваемые ею обещания подобны первым солнечным лучам в первое утро мира.

Монашеской девственности было дано открыть абсолютную ценность человеческой личности и подтвердить величие брака. Однако монах может отказаться от монашеского состояния во имя ценности своей личности и своего свободного призвания. Вот почему такая же свобода должна быть предоставлена супругам. Произносимое ими «да» имеет подлинную ценность лишь при условии, что они в любой момент могут сказать «нет».

В своей царственной свободе они поднимаются к целомудрию, и только когда они достигнут полноты этой свободы, их любовь принимает этот мир в свое сердце, возвещает Царство, и в своем преображении озаряет все вокруг ослепительным сиянием.

Заканчивая труд наш, мы можем себя спросить, не является ли он поэтической идеализацией, приукрашающей реальную жизнь. Поль Клодель хорошо определяет роль поэзии: «Ты ничего не объясняешь, о поэт, но благодаря тебе все становится понятным». Поэзия отцов Церкви разверзает перед нами космические глубины и приобщает нас к сокровенному огню бытия. Поэзия любви торжествует над повседневной реальностью, над тяжеловесной серьезностью доктринеров, над адской скукой, над нестерпимой прозой здравого смысла. Она говорит языком юродивых в Боге – «Год интексикетед», о тех, кто вдыхает в себя дыхание Духа и разжигает пламя, о тех, кто вынашивает в себе свою собственную смерть как плод воскресения, наконец, о тех, чья человеческая любовь приобщает к любви к Богу. Любовь Божия и любовь человеческая, – говорит святой *Максим Исповедник*, – это не две различных любви, но два аспекта единой целостной любви.

Именно на этом уровне происходит выбор за или против Христа, потому что «смерть Христа на Кресте – это суд всякого суда». Надлежит потерять себя, дабы обрести себя, и спасение заключается лишь во всеобщем преклонении перед Богом, о котором нам повествуют пламенные страницы Апокалипсиса. По словам святого *Иринея Лионского* , Мария – это земля, вновь обретшая девственность для того, чтобы Бог мог вылепить из нее нового Адама. «Фиат», произносимый каждым, сливается с Божественным «фиат» и обретает целомудрие.

«Бог долготерпит» и дает таинственную отсрочку, так как человеку предстоит «ускорить пришествие дня Господня и уже оказаться на Страшном Суде, подобно Ангелам спасения, и «уразуметь, как приходит Тот, Который всегда присутствует» (святой *Григорий Нисский*). Речь идет о «силе нашего милосердия», о таинственном творчестве, присущем нашей вере, которое влечет мир к Господу. Тайное произрастание знаменует весну Духа, пиршество, на котором брачная любовь Бога и Его народа осуществляется наконец в каждой человеческой душе. Пасхальная радость расцветает в новых гармониях, вопреки демоническому пессимизму, сквозь бездну времен до нас долетают слова *Оригена*: «*Церковь* исполнена Святой Троицей». Начиная с Пятидесятницы, Церковь преисполнена святыми...

ПРОФЕССОР ПАВЕЛ НИКОЛАЕВИЧ ЕВДОКИМОВ

Профессор Павел Николаевич Евдокимов был выдающейся личностью в области православного богословия и философии XX века. Родившись в начале 1900-х годов в России, он стал свидетелем и участником значительных исторических изменений, которые повлияли на его жизненный и академический путь.

После революции 1917 года, как и многие его соотечественники, Евдокимов оказался в эмиграции. Он переехал во Францию, где продолжил свое образование и активно участвовал в жизни русской эмигрантской общины. В Париже Евдокимов обрел свою академическую и духовную стезю, окончив Парижский университет, где он позже стал профессором.

Евдокимов известен своими работами по духовной жизни и теологии, в которых он стремился объединить богатое наследие восточного православия с вызовами современного мира. Его труды оказали значительное влияние на развитие христианской мысли в Европе и за ее пределами. Он активно занимался вопросами морали, этики, а также роли христианства в культуре и обществе.

Кроме академической и педагогической деятельности, Павел Николаевич также был известен как глубоко верующий человек. Он уделял большое внимание духовному образованию и формированию, участвовал в работе православных семинарий и образовательных учреждений.

Профессор Евдокимов ушел из жизни в конце XX века, оставив после себя значительное наследие в виде многочисленных публикаций и учеников, продолжающих его дело. Его идеи и труды продолжают изучаться и вдохновлять новые поколения богословов и философов по всему миру.

Православная библиотека – Orthodox Logos

- *Песня церкви - Праведники наших дней* – Артём Перлик
- *Сказки* – Артём перлик
- *Следом за овцами - Отблески внутреннего царства* – Монахиня Патрикия
- *Откровенные рассказы странника духовному своему отцу*
- *Семь слов о жизни во Христе* – праведный Николай (Кавасила)
- *О молитве* – святитель Игнатий (Брянчанинов)
- *Об умной или внутренней молитве* – преподобный Паисий (Величковский)
- *В помощь кающимся* – святитель Игнатий (Брянчанинов)
- *Христианство по учению преподобного Макария Египетского* – преподобный Иустин (Попович), Челийский
- *Священное Предание: Источник Православной веры* – митрополит Каллист (Уэр)
- *Толкование на Евангелие от Матфея* – святой Феофилакт Болгарский, архиепископ Охридский
- *Толкование на Евангелие от Марка* – святой Феофилакт Болгарский, архиепископ Охридский
- *Толкование на Евангелие от Луки* – святой Феофилакт Болгарский, архиепископ Охридский
- *Толкование на Евангелие от Иоанна* – святой Феофилакт Болгарский, архиепископ Охридский
- *Таинство любви* – Павел Евдокимов

Milton Keynes UK
Ingram Content Group UK Ltd.
UKHW010728050624
443777UK00004B/152

9 781804 841570